保存版

株式投資 勝ち方の本質

杉村富生

tomio sugimura

すばる舎

◎はじめに

❖日米の金融資産の格差拡大が示す運用の重要性！

東証改革、ＮＩＳＡ（少額投資非課税制度）拡充などの潮流変化を受け、本格的な〝投資の時代〟到来と叫ばれています。いや、今ほど運用（「お金に働いてもらう」との感覚）の重要性が高まっている時代はないのではありませんか。

日本、および日本人はこの「失われた30年」の間に、すっかり貧乏になってしまいました。２０２３年の１人当たり名目ＧＤＰ（国内総生産）は世界ランク22位、韓国に抜かれています。Ｇ７（主要７カ国）では最下位です。

株式市場の時価総額（アメリカは９６４０兆円、日本は９５０兆円）、家計金融資産（アメリカは１京８６２０兆円、日本は２１９９兆円）の格差だけではありません。お金のみならず、スポーツ選手、技術者、学生など多くの人材も海外に流出しています。バラまき政策では国は衰えるばかりです。

アップル（ＡＰＰＬ）、エヌビディア（ＮＶＤＡ）の時価総額は2社だけで１２５０兆円を超え、東証プライム市場（１６４０社上場＝２０２４年12月末時点）の１・２倍もあるのです。悲しすぎませんか。しかし、これが現実です。不愉快な数字に目を背けてはいけません。

日米の金融資産になぜ、こんな極端な差がついたのでしょうか。それは単純な話です。運用の有無です。デフレだけではありません。アメリカの家計金融資産の53・3％が株式・投資信託です。さらに、運用が〝命〟の保険、確定拠出型年金が主流の年金が27・7％を占めています。家計金融資産が膨張するのは当然です。

これに対し、日本は家計金融資産の50・3％がほぼ利息ゼロの現金・預金となっています。これでは資産が増えようがないではありませんか。

だからこそ、運用が必要なのです。とはいえ、「株式投資でもやるか」といった甘い考えが簡単に通用するはずがありません。基本を学び、投資哲学・ノウハウを身につける必要があるのです。本書はその入門、実践をはじめ、上級コースまで網羅《もうら》しています。証券会社に口座開設を行なう前に、ぜひ読んでいただきたい本です。

古来、「智者は歴史に学び、愚者は経験に学ぶ」といわれていますが、この世界では「あ〜あ、良い経験をした」は通用しないのです。肝心の運用がうまくいかなければ、大切なお金（資産）を失う結果になりかねません。

❖「勝ち方の本質」をつかめば結果はおのずとついてくる!

相場巧者のウォーレン・バフェット氏、スタンレー・ドラッケンミラー氏は、〝最強〟と称されるアップル、エヌビディアを売りまくっています。みんなの先を行く、これも投資哲学・ノウハウでしょう。何しろ、「遅れた者は悪魔のエジキ」になるのです。

これは筆者の持論ですが、株式投資の理想的な勝ち方は、「コンスタントに利を得る」ことにあると思います。しかし、これがどれほど難しいことかについては、投資経験の長い人(ベテラン投資家)ほど痛感しているのではないでしょうか。

株式投資のみならず、勝負の世界においては「勝ち方の本質」をつかみ、それを実践できた者だけが栄冠を勝ち取ることができます。

株式投資における「勝ち方の本質」とは何なのでしょうか。筆者は50年以上の間、株式相場の浮き沈み、急騰、暴落場面を目撃してきました。またこの間、幾人もの相場巧者と出会い、その教えを乞《こ》うてきました。もちろん、彼らは肝心なことを明らかにしません。それがミソ(企業秘密)というか、ノウハウなのです。

本書では、そのような事象、体験をもとに導き出した株式投資の成功法則、すなわち「勝ち方の本質」について考えを述べてみることにしました。できる限り、プロの境地に迫ろう、との試みです。

具体的には、理論編として個人投資家の懐《ふところ》を直撃する「大暴落の教え」、株式投資で勝つための「3つのアプローチ」、株式投資において成功するための「8条件」を提示してあります。そして、実戦編としては短期投資の極意と注意点、長期投資の極意と注意点、加えて、筆者の銘柄発掘法について、できる限り分かりやすく解説したつもりです。

さらに、巻末には特別付録として「自分年金のつくり方」を紹介しています。これには、有望銘柄を毎月コツコツ買っていく株式貯蓄（筆者は株貯と命名している）のやり方のほか、投資資金別（50万円、100万円、200万円）のモデルコース（ポートフォリオ）を示してあります。ぜひ、ご参考に。

株式投資には、常にリスクが伴います。しかし、株式投資には楽しみと夢（ロマン）があります。日々、紛《まぎ》れの多い相場の世界と直面し、努力を続けておられる個人投資家の方々、これから株式投資を始めようとされている方々のお役に少しでも立てれば、これ以上の喜びはありません。

２０２５年2月　　　　　杉村　富生

保存版　株式投資　勝ち方の本質

◉……◀目次▶

第2章 株式投資で勝つための3つのアプローチ

第2部 実戦編

第4章 短期投資の極意と注意点

第5章 長期投資の極意と注意点

第6章 〝杉村式〟銘柄発掘法！

巻末特別付録

自分年金のつくり方

（注）本書に掲載した日経平均株価は、正式には小数点第2位までありますが、本書では煩雑になるのを避けるため、小数点以下は切り捨てて表記しております。なお、本書に掲載された内容は、情報の提供のみを目的としています。投資、運用における判断は、読者各位の責任において行なってください。

◀第1章▶

個人投資家が知っておくべき大暴落の教え

独裁者の急死が引き起こしたスターリン暴落「暗黒の月曜日」と呼ばれるブラックマンデー

❖スターリンの死後、日経平均株価は10％の短期急落

個人投資家が学ぶべき株式投資「勝ち方の本質」の1番目は、「大暴落の教え」です。

2024年8月5日、東京株式市場では日経平均株価が大幅続落となり、史上最大の下げ幅（前週末比4451円安）を記録しました。

2024年8〜9月の株価急落については、この章の後段で詳述しますが、その前に過去の大暴落局面をいくつか時系列順に検証してみたいと思います。株式相場では、暴落（ショック安）は避けて通れないアクシデントですが、そこには学ぶべきことがたくさん詰まっているからです。

まずは、1953年3月に起きたスターリン暴落です。これはスターリン・ショックとも呼ばれています。この年の3月5日、当時のソビエト連邦（旧ソ連）の最高指導者

スターリンの死去はGHQの日本復興政策に対する懸念を呼び、株価急落をもたらした（写真＝毎日新聞社提供）

であったヨシフ・スターリンが死去し、これを契機に株価暴落が発生しました。

スターリンは１９２９年にソビエト連邦の第2代最高指導者に就任、第二次世界大戦を経て74歳で死去するまで、強権的な独裁体制を敷きました。この間、反対派に対して激しい弾圧、粛清が行われ多数の犠牲者が出たことで知られています。

特に、１９３７〜１９３８年にかけての2年間、粛清は苛烈《かれつ》を極めました。これにより１００万人以上が殺害され、同じく１００万人以上が強制収容所などに送られたと伝えられています。

第二次世界大戦後、スターリンは強

力な独裁権力を後ろ盾にアメリカ、イギリスを中心とする西側諸国と対立姿勢を強めていきました。軍事力によって、共産主義体制を世界中に広めようとしたのです。

しかし、1953年3月5日、スターリンの突然の死去（死因は脳卒中とされる）が明らかになると、世界中の株式市場は大きな衝撃を受けました。なぜ、スターリンの死がショック安につながったのでしょうか。

現在の日経平均株価に相当する株価指数（以降、日経平均株価で統一）は、1950年6月に始まった朝鮮戦争の特需などを背景に上昇を続け（安値は同年7月の85・25円）、1953年2月には474・43円まで上昇していました。

しかし、スターリンの死去が報じられると、東京株式市場は主力株を中心に全面安の展開となり、日経平均株価は340・41円（終値）まで売られました。

絶対値が低いので下げ幅は前日比37・81円にすぎませんが、下落率は実に10・0％に達します。

これは、東証（東京証券取引所）が1949年5月に再開されて以来、初めてとなる株価大暴落となりました。前述したように、日経平均株価は1950年7月に85・25円の安値をつけています。1949年5月16日に東証が再開したときの日経平均株価は1

▶スターリン暴落前後の日経平均株価（月足）

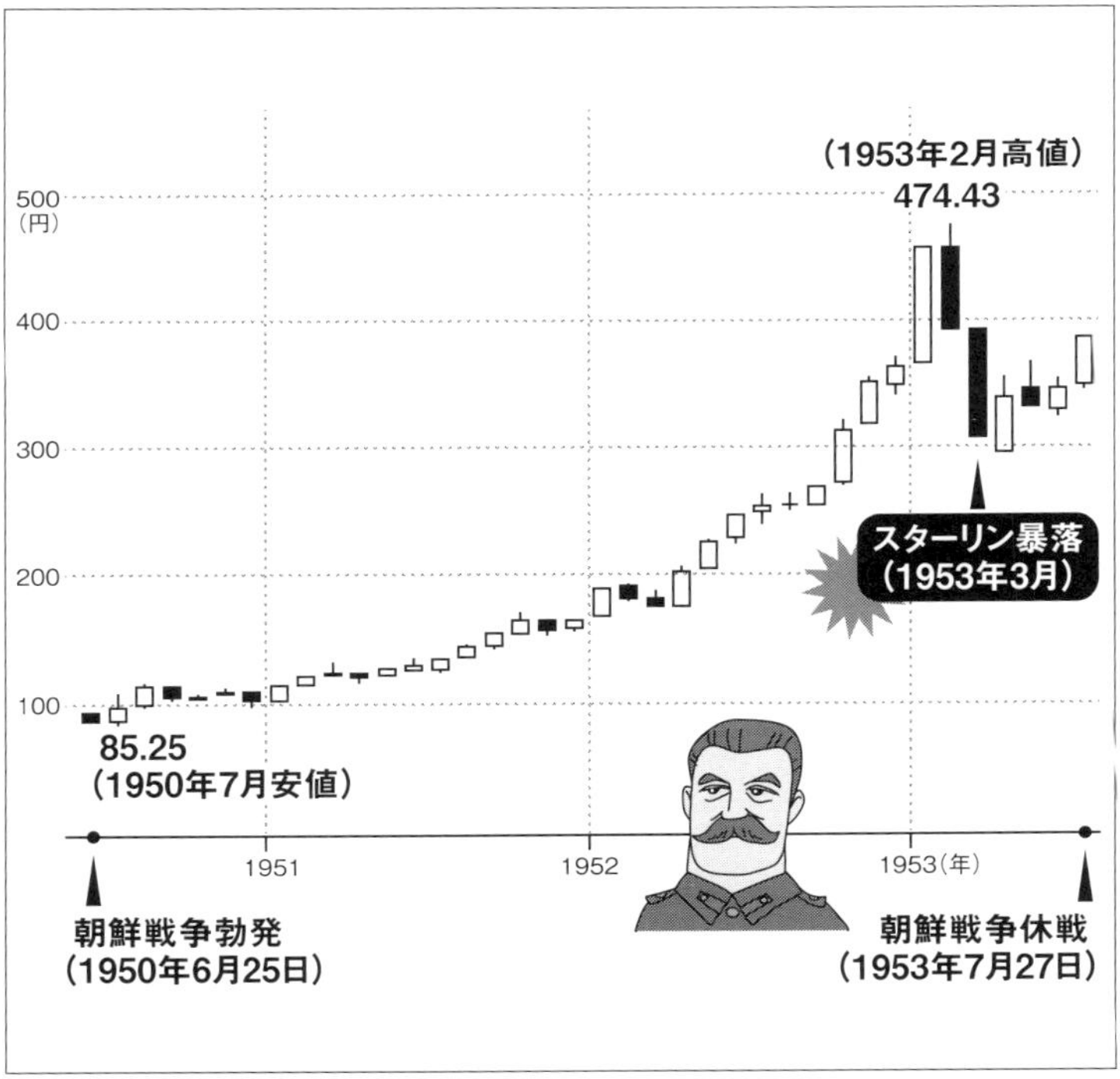

76・21円でした。わずか1年あまりで半値以下（48・4%）になっていたのです。

背景にはGHQ（極東米軍）の日本締めつけ政策、およびドッジインフレがありました。それが朝鮮戦争の勃発によって一変したのです。GHQの対日政策は「日本復興」に激変しました。スターリン暴落はそれが終わるのではないか、との危機感によるものでした。

❖ブラックマンデーの直撃を受けた日経平均株価は15％下落

次は、1987年にアメリカで発生したブラックマンデーです。この年の10月19日、ニューヨーク株式市場でNYダウ（ダウ工業株30種平均）が前週比22・6％安と、過去最大規模の暴落に見舞われました。このショック安は皆さん、よくご存じのことと思います。

この日はアメリカが月曜日であったため、「暗黒の月曜日」とも呼ばれていますが、この株価大暴落は瞬く間に世界を駆けめぐっていきました。世界同時株安です。

東京市場も例外ではなく、翌日の10月20日（火曜日）、日経平均株価は前日比3836円、率にして14・9％急落します。2万5746円だった終値が、たった1日で2万1910円まで売られたのです。

ただ、この下落率はNYダウのそれより8ポイントほど小幅であったこともあり、翌年の1988年には元の水準に回復、空前のバブル景気を迎えることになります。

なお、ブラックマンデーの要因としては、当時のアメリカが財政赤字と貿易赤字という、いわゆる「双子の赤字」を抱える状況のもと、ドル不安によってインフレ圧力が強まったためと指摘されています。引き金になったのは、旧西ドイツの突然の利上げです。

泡がはじけ飛んだバブル経済の崩壊 信用収縮が深刻化したリーマンショック

❖1989年の大納会をピークに株価はつるべ落としの下げ

ブラックマンデーに巻き込まれる直前の日経平均株価（2万5746円）を終値ベースで上回ったのは、1988年3月17日（2万5872円）のことです。1980年代後半はバブル景気に沸いていました。日本の回復は早かったのです。

1985年のプラザ合意によってドル安・円高（1ドル＝240円が結局、120円に）が進行し、日本の輸出企業は大きな打撃を受けました。円高不況です。これを是正しようとした政府・日銀は、段階的な金融緩和（低金利）政策と積極的な財政政策を実施します。

これにより国内景気は回復していきましたが、一方では金融機関の過度な貸し出しも横行し、いわゆる過剰流動性相場が到来します。多くの大企業は莫大な余剰資金を本業に投資するのではなく、不動産、株式などに短期的な投機目的で投資をしました。猛烈なカネ余りです。

この結果、日本はバブル景気と呼ばれる実体を伴わない異常な好景気に振り回されていきます。この時期の投機熱は不動産、株式だけでなく、貴金属、ゴルフ会員権、競馬・競輪などの公営ギャンブル、宝くじなどにも波及しました。当時、好景気の恩恵を受けた年配の人はマンション、ゴルフ会員権、絵画など何か1つは買ったはずです。

一時的ではあったもののあらゆる資産価格が急騰し、泡のように膨らんだ高額な交際費、ボーナスを手にした大企業の会社員たちが、夜の街にあふれたのです。連日連夜、活況を呈し、夜の銀座はタクシー、ハイヤーの乗り入れが禁止されました。まさに、行きすぎたフィーバーです。

1988年3月17日、ブラックマンデー前の水準をようやくクリアした日経平均株価は、その年の年末3万159円で取引を終えています。3万円の大台乗せを果たしたことで、さすがに天井到達と思われました。「もう十分じゃないか」との心境です。

しかし、〝常識〟ある識者、市場関係者たちの予想とは裏腹に、日経平均株価は翌年に入っても値上がりし続け、ついに1989年12月29日、大納会と呼ばれる年内最終取

プラザ合意後の日経平均株価(4本値の推移)

年	始値(円)	高値(円)	安値(円)	終値(円)
1985	11,558	13,128	11,545	13,113
1986	13,118	18,996	12,880	18,701
1987	18,702	26,646	18,525	21,564
1988	21,551	30,264	21,148	30,159
1989	**30,165**	**38,957**	**30,082**	**38,915**
1990	38,921	38,950	19,781	23,848
1991	23,827	27,270	21,309	22,983
1992	23,030	23,901	14,194	16,924

(注)プラザ合意がなされたのは1985年9月22日。1989年のザラバ高値38,957円は、大納会(その年の取引最終日)の12月29日につけている。なお、1985年以外の高値、安値はザラバベースの株価

引日の終値で、最高値3万8915円を記録したのです。

この日のザラバ高値は3万8957円であり、翌年の正月を間近に控えた東証、それを取り巻く兜町には、証券関係者だけでなく、莫大な含み益を得た個人投資家たちの笑顔が満ちあふれました。大手証券のストラテジスト(戦略家)の日経平均株価予想は「10万円」とか、「12万円」だったのです。

筆者は、この年の年末年始、空前とも呼べる消費の活況、デパートなどで札束が飛び交うテレビの映像を忘れることができません。

1989年12月当時、筆者は業界紙の

記者をしていましたが、大手証券主催のわれわれ業界紙記者の忘年会では「1人1台」のハイヤーがつきました。ところが、熱狂的な年末年始があっという間にすぎ、1990年に入ると空気が一変します。大手新聞の正月特集では、株高に伴う不動産価格高騰に対する警戒感、懸念が示されました。ご祝儀気分が吹き飛んだのを覚えています。

1月4日の大発会（最初の取引の日）、日経平均株価は前年終値より203円安い3万8712円で取引を終えます。当初は楽観ムードが漂っていましたが、その後はつるべ落としのような続落の展開となり、同年の大納会（12月28日）には2万3848円（終値）まで下げてしまいました。いわゆる、バブル崩壊の始まりです。

これは、前年末に記録した終値ベースの最高値3万8915円に対し、38・7％もの下落率です。この間、株式だけでなく債権、通貨（円）も値下がりし、「トリプル安」と呼ばれました。これは後述するように、政策ミスの側面があります。

この大暴落の背景としては株価、不動産価格が実体を伴わないほど異常高となったことにあるでしょう。ただし、その引き金を引いたのは日銀の金融引き締め政策、政府による不動産取引規制、BIS規制（銀行の自己資本比率規制）の受け入れなどが拙速《せっそく》すぎたため、との指摘があります。これは間違っていません。

世界同時株安の流れを受け、東京証券取引所にはパニック的な売り注文が殺到した（写真＝毎日新聞社提供）

その点、ハードランディング政策を強行した当時の政府・日銀首脳の責任は重いと思います。それはともかく、その後の日本経済は、株安、不動産価格安に先導されるかたちで低迷を余儀なくされます。まさに、泡がはじけて飛び去るような「バブル経済の崩壊」でした。

日銀は地価、株価が暴落しているのに、1年7カ月にわたって金融引き締め（利上げ）を続けたのです。当時の三重野康総裁は、「バブル崩壊の影響は局部的、かつ限定的であり、実体経済には何らのダメージを与えない」と叫んでいたではありませんか。

1989年11月には「ベルリンの壁」

が崩れ、1991年にはソビエト連邦が消滅しました。いわゆる、東西冷戦構造の終えんです。この大きな潮流に日本政府、産業界は対応できませんでした。

円高、デフレを放置したのも痛かったと思います。円高・株安・デフレの存在が「失われた30年」の主因といえなくもありません。

❖金融市場、投資家を窮地に追い込んだリーマン・ブラザーズの破綻

2008年9月15日、アメリカの大手投資銀行リーマン・ブラザーズが多額の損失を抱えて倒産しました。負債総額は当時のレートで64兆円超といわれ、これは史上最大の経営破綻となりました。誰も「行きづまる」とは思っていなかったのです。

その破綻の要因は、リーマン・ブラザーズがサブプライムローンと呼ばれる、信用力の低い低所得者向け住宅ローン関連の証券を大量に保有していたことにありました。この商品を保有していた企業、ファンドの破たんが相次ぎ、世界的な金融危機に発展したのです。

当時、アメリカでは住宅バブルが崩壊し、サブプライムローンの焦げ付きが進行しました。金融各社はサブプライムローンなどを証券化した商品を開発、販売していました

▶日経平均株価の週足（2008年4月～12月）

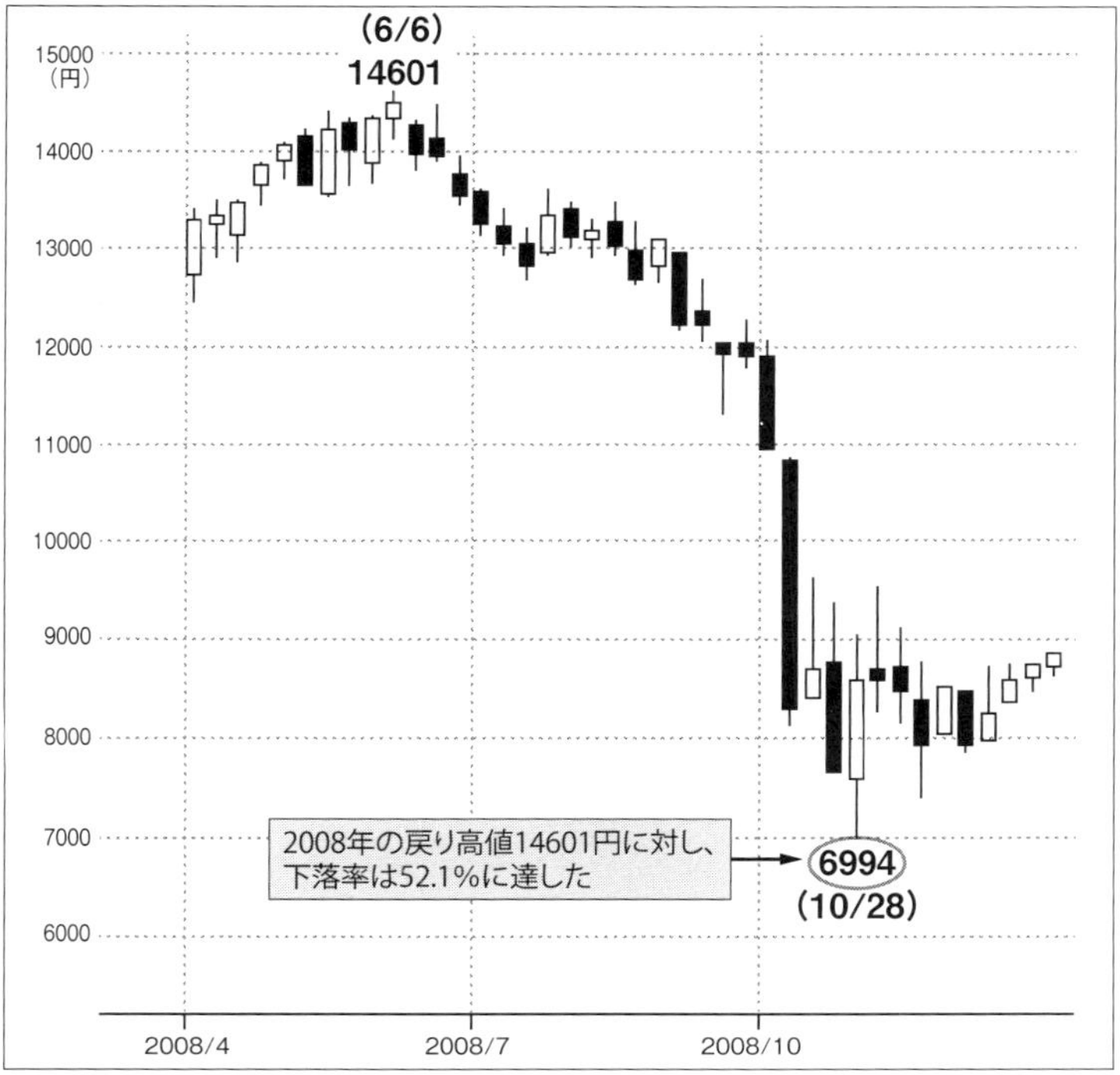

が、住宅バブルの崩壊によって、これらの証券化商品の価格は急落します。

　これにより、リーマン・ブラザーズは資金繰りに行きづまり、一気に奈落の底へと転落したのです。かつては莫大な利益を上げ続け、「投資銀行の王者」とまでいわれた同社だっただけに、その破綻の衝撃は極めて大きいものがありました。

　ちなみに、当時サブプライムローンなどを扱う金融機関に勤める筆者の友人たちの年収は、4000～5000万円が普通でした。役員クラスは億円単位です。

このとき同社のような巨大金融機関に対して、アメリカ政府による救済措置が取られませんでした。それにより、世界中の金融市場に動揺と不安が広がり、企業の資金調達が困難になるなどといった信用収縮が深刻化します。

当時の日経平均株価に目を転じると、リーマン・ブラザーズの破綻が報じられた直後、2008年9月16日の終値は1万1609円でした。それが1カ月半後の10月28日には6994円（ザラバ安値）まで売られています。この間の下落幅は4615円、下落率は39・8％に達しました。

ちなみに、日本は1997～1998年に大手証券、メガバンクの破たんの処理を断行しました。当時は「やむを得ない」といわれましたが、日本長期信用銀行の場合、宝幸水産、段谷産業などの上場企業を含め、2000社以上が連鎖倒産したのです。

2023年にはスイス第2位の金融大手、クレディ・スイスの経営危機がありましたが、スイス政府は世界的な金融大手UBSによる救済合併の道を選択しました。昔も今も、巨大な金融機関の破たんに伴うダメージは計り知れません。

想定外の巨大地震がもたらした平成の大惨事 史上最大の下げ幅を記録した令和の大暴落

❖大引け間際に発生したマグニチュード9・0の大地震で株価急落

2011年3月11日午後2時46分、東北地方の太平洋沖でマグニチュード9・0といわれる巨大地震が発生し、その後発生した津波などによって大惨事となりました。忘れることのできない東日本大震災です。

この巨大地震による死者・ゆくえ不明者は2万2000名以上とされ、これにより引き起こされた東京電力福島第一原子力発電所の事故は、現在でも深刻な問題を抱えています。

内閣府の防災情報のページ「みんなで減災」によると、震源は三陸沖の宮城県牡鹿《おが》半島の東南東130キロメートル付近で、深さは約24キロメートル。マグニチュード9・0は1952年のカムチャツカ地震と同じ規模であり、日本国内観測史上最大規模とさ

▶日経平均株価の週足（2010年10月～2011年7月）

れています。また、アメリカ地質調査所によれば、1900年以降、世界でも4番目の規模だといいます。

東日本大震災は、想像を超える津波をもたらしました。気象庁によると、福島県相馬市で9・3メートル以上、宮城県石巻市で8・6メートル以上、岩手県宮古市で8・5メートル以上が観測されています。

首都圏でも交通機関が

不通となり、2011年3月11日は週末の金曜日だったため、大量の帰宅困難者が発生しました。幹線道路は車で大渋滞、歩道も徒歩で帰宅を試みる人々で大混雑となりました。筆者は自宅まで約20キロメートルの道を歩きました。このときの教訓としてはまず、「動かない」ことです。

一方、帰宅をあきらめた人々は、その多くが勤務先、駅周辺、シティホテル、デパート、自治体の一時収容施設などで一夜を明かしたことが報道されています。

当日の日経平均株価は、前日比180円安の1万254円で引けています。この程度の下げで済んだのは、地震発生後大引けまで14分ほどしか取引時間がなかったことなどによるものと思われます。

土、日をはさみ、翌営業日の3月14日には9620円（終値）まで下げ、火曜日の15日には8227円（ザラバ安値）まで売られました。これは3月11日の終値に対し、19・8％（下落幅2027円）もの短期大暴落です。

❖4451円安となった2024年8月5日の日経平均株価

冒頭でも触れた2024年8月初旬の株価暴落は、歴史的な出来事となりました。これは長らく投資家の皆さんの記憶に残るのではないでしょうか。

また、新ＮＩＳＡ（少額投資非課税制度）などを利用し、新しく株式投資を始めた人には、「やはり株は怖い」というイメージがついてしまったかもしれません。

その当時のことを改めて振り返ってみますと、日経平均株価は週末金曜日の8月2日、前日比２２１７円安の３万５９０９円で取引を終えました。下げ幅は先に記したブラックマンデーの翌日に記録した３８３６円に次ぐ、歴代3番目の大きさでした。主因は日銀の突然の利上げです。

もちろん、前日のＮＹダウがアメリカ景気の減速懸念によって５００ドル近く下げ、円高・ドル安の進行もあって、半導体関連株を筆頭に幅広い銘柄で売りが膨らんだことによります。

この突然の急落に慌てふためき、投げ売りに走った個人投資家も多かったでしょう。逆に、絶好の仕込み場とばかり買い向かった〝勇気ある〟人たちも相当数いたはずです。実際、筆者の知り合いの投資家の何人かは、優良株の安値を拾いまくったと話していました。要するに、ＧＡＲＰ（ガープ＝グロース・アット・リーズナブル・プライス）戦略です。これは成長性と割安性の両方を重視した投資手法として知られています。

▶野村ホールディングス(8604)の日足

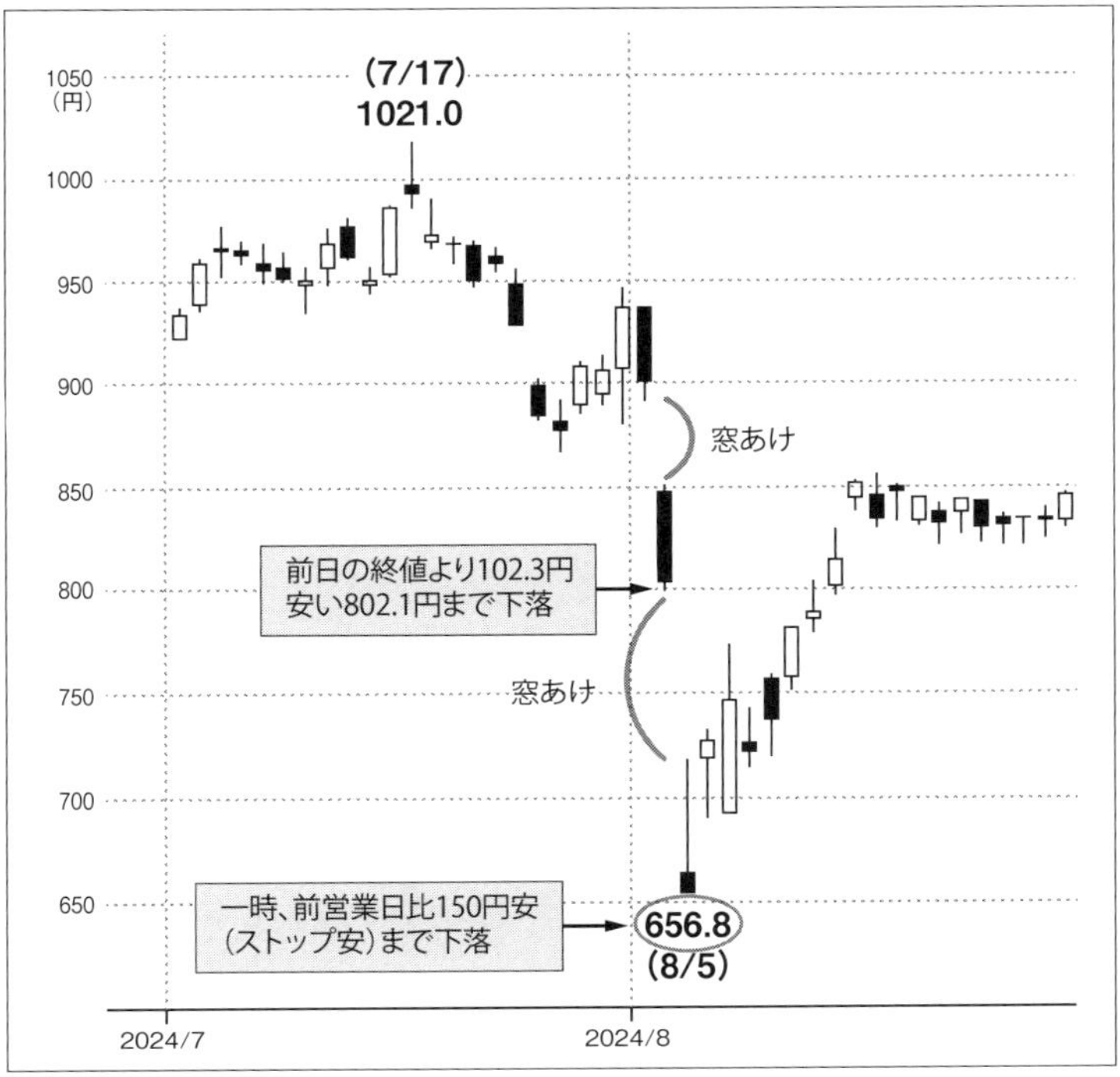

短期的に、このような大幅安のあとは売られすぎの反動で大きく戻すか、最低でも自律反発的なリバウンドが期待できます。目先的な急反発です。しかし、週明け5日の東京株式市場は、そのような流れになりませんでした。今回は状況が違ったのです。

日経平均株価は前日比660円安の3万5249円でようやく寄り付き、その後は売りが売りを呼ぶ一方的な下げ相場となってしまったのです。終値は3万1458円まで下げ、ザラバ安値は3万1156円までありました。強烈な下げです。

これは前週末の終値より4451円安く、下落幅としてはブラックマンデーの翌日の下げ幅を600円以上も上回る史上最大の記録となりました。歴史的な暴落です。

驚くことに、個別的にも**三井住友フィナンシャルグループ（8316）**、**野村ホールディングス（8604）**といった主力銘柄が軒並みストップ安となり、先物取引が一時中断される「サーキットブレーカー」も発動されました。マーケットはパニックに陥った、といえなくもありません。

❖令和大暴落の主因は日銀（植田）ショック！

2024年8月5日の暴落は、アメリカ景気のリセッション懸念、中東情勢の緊迫化（地政学上のリスク）など複合的な要因によるもの、といわれています。もちろん、機械的に売買を行なうシステマティック・トレーディング戦略の影響も大きいでしょう。これは否定しません。

しかし、筆者はこの暴落劇の〝主犯〟は日銀であると考えています。市場との対話

日経平均株価下落幅ランキング

順位	年月日	日経平均株価終値（円）	下落幅（円）
1	2024.8.5 （日銀ショック）	31,458	4,451
2	1987.10.20 （ブラックマンデー）	21,910	3,836
3	2024.8.2 （日銀ショック）	35,909	2,217
4	1990.4.2 （バブル崩壊）	28,002	1,978
5	2024.9.30 （石破ショック）	37,919	1,910

（出所）各種公表データをもとに筆者作成。なお、下落幅はいずれも1営業日前の終値との比較

を欠いた日銀は突然の利上げ（0・25％）、国債買い入れの減額を発表し、それに伴う円高進行、大規模な円キャリートレードの発生（総額500億ドルのうち、約8割が株売り、円買いに走る）を引き起こしたのです。

8月1日の取引終了後、植田日銀総裁は記者会見において、継続的な利上げについて容認する可能性を示唆しました。これがサプライズとなり、翌日以降の株価急落につながりました。

さらに、8月下旬〜9月初旬は石破ショック（当時の石破茂首相候補

が金融課税強化を唱える）が起きています。

これに危機感を抱いた日銀は、その後、内田副総裁が「世界的に金融市場が急激な変動をみせている状況下、利上げはできない」と、植田総裁のタカ派姿勢を打ち消すのに躍起となりましたが、これは3者（財務省、金融庁、日銀）会談の総意でしょう。しかし、植田日銀総裁の「利上げ継続」（要するに、通常金利2・5％前後に戻す方針）の姿勢は変わっていません。

それはともかく、2024年8月1日、2日、5日の3日間に東証プライム市場の時価総額は約200兆円が失われてしまいました。その後、マーケットは落ち着きを取り戻しましたが、この大暴落局面で大きな損失を被った投資家はたくさんいるはずです。株式投資は自己責任が原則とはいえ、その責任をいったい誰が取るのでしょうか。

前ページの表は日経平均株価の下落幅ランキングですが、1番目と3番目が日銀ショック、5番目が石破ショックによるものです。この3つを合わせると、下落幅の合計は8578円に達します。

これは、2024年8～9月に発生した株価暴落の本質（マーケットは「偽りの夜明け」を危惧）を示しているのではないでしょうか。

相場格言が示す「登り峠の茶屋、麓の温泉」暴落後は底練り（日柄調整）が必要となる

❖大きく売り込まれた有望銘柄の下値を拾うというやり方

さて、ここまで第二次世界大戦後における歴史的な暴落を振り返ってきたわけですが、筆者はこのような局面にこそ、大いに学ぶべき点があると考えています。

相場に暴落はつきものであり、避けて通ることはできません。突然、マーケットを襲う暴落とどのように対峙し、どのように乗り越えていけばよいのでしょうか。これぞまさしく、株式投資「勝ち方の本質」ではないでしょうか。

多くの場合、暴落のあとは3～5カ月の底練り（日柄調整）が必要となります。短期的に戻すケースもありますが、相場格言は**「登り峠の茶屋、麓の温泉」**と伝えています。調整→休養が求められます。

これには「急騰、急落は一気呵成に突き進むものの、そのあとは横ばい→値固めに入

▶三菱重工業(7011)の日足

る」という意味です。

これがセオリーであることは、先に取り上げたスターリン暴落、ブラックマンデー、リーマンショックなどのケースを見ればよく分かります。

投資家は、暴落後の底練りの間に痛手を受けた傷をいやさなければなりません。すなわち、暴落後の数カ月は個別物色の流れに乗り、大きく売り込まれた有望銘柄の下値を拾うことです。

2024年8月5日、**三菱重工業（7011）**は1250円まで売られました。これは、1カ月ほど前の7月8日に示現した上場来高値2087円に対し、4割も下落したことになります。

同期間の日経平均株価の下落率は、24・2％（7月8日の高値4万1112円→8月5日の安値3万1156円）でした。防衛、原発関連の切り口を有する三菱重工業は突っ込み買いの絶好機と判断できます。

実際、同社株は8月16日、1999円まで戻しました。8月5日の終値1313円で拾っておけば、わずか10日ほどで5割以上利が乗ったことになります。

❖「波乱をチャンスに変える」ためには現金比率を高めておくこと

兜町には、**「鯨3文といわれても銭がなければ買えぬ」**との教えがあります。この格言はリスクマネジメントの大切さを教えています。

2024年8月5日、日経平均株価は日銀（植田）ショックによって3万1156円まで売りたたかれました。

先にも触れましたが、ストップ安銘柄が何と、主軸株を中心に801銘柄もありまし

た。バーゲンセールどころの話ではありません。

誰もが「こんな局面は買いだッ」と考えたに違いありません。しかし、いくら割安銘柄が続出し、「入れ食い状態」といわれても肝心の資金がなければ……。そう、まさに「ない袖は振れないチャンチャンコ」状態となってしまいます。チャンチャンコには袖がありません。

繰り返しになりますが、相場に暴落、波乱はつきものです。それは、ある日突然、自然災害が起きるときのようにやってきて投資家を襲います。だからこそ、**「波乱をチャンスに変える」**には、万一に備え、現状を正しく認識し、リスクマネジメントを徹底する。高値圏では利食いを優先し、現金比率を高めておく必要があるのです。波乱をチャンスに変え、暴落局面を生かすには備えが重要でしょう。当たり前のことではありませんか。

実際、2024年8月5日後の日経平均株価は、約1カ月後の9月2日に3万9080円の戻り高値をつけました。この間の上昇幅は7924円、上昇率は25・4％に達します。投機的、機械的に売られ、ショート（弱気）筋が売りたたいた場合、相場の反発力はすごいものがあります。相場格言は、**「材料はあとから貨車に乗ってやってくる」**と教えています。

マスコミは、「円安を好感して輸出関連株に買いが入った」とか、「アメリカ市場が強さを評価」などと、株価が上昇すればかならずその要因（材料）を見つけ出してはやし立てます。しかし、それはあくまでも後講釈です。それを待っていたのでは、売りたたかれたところを買うことはできません。

相場格言には**「理路整然と曲がる」**というのがあります。理屈をこねまわしてばかりいると、せっかくの好機を逃してしまいます。それと、実勢悪なのか、需給要因による下げか、よく見極めなければなりません。

予期せぬ出来事（暴落）をどう乗り越えるか 変化の兆しを見逃さなかった「最後の相場師」

❖是川銀蔵先生が残した名言と570億円もの現金

最後の相場師（本人はこの表現を嫌っていた）と呼ばれた是川銀蔵《これかわぎんぞう》先生は生前、株式投資で儲けるためには「損をしないことだよ」と語っています。ただ、相場で損をしないというのはあり得ません。

おそらく、先生は「相場では儲けるときに利を大きくし、損は少なくすること。これが極意なり」といいたかったのだと思います。実際、**住友金属鉱山（5713）**の仕手戦で得た巨額の利益は、歴史的な伝説として知られています。

さらに、是川先生は、「大損を避けるにはショック安に巻き込まれないことだ」とも諭《さと》しています。

ショック安とは？　それは「予期せぬ出来事」です。しかし、実際の話、2024年

8月1～5日の暴落劇のような「予期せぬ出来事」を、いかにして予知すればよいのでしょうか。

これは実に難しいわけですが、これについて先生は「変化の予兆を見逃すな」と述べておられます。これまた難解な話です。

簡単に「変化の予兆をつかめ」といいますが、これを予期するのは難しいものです。ただ、1988～1989年のケースでは土地基本法（地価抑制法）の制定、国際業務を行なう銀行に対し、自己資本比率8％超を求めるBIS規制の導入（融資規制）、ベルリンの壁の崩壊（東西冷戦構造の終えん→戦後の枠組みの変化）などがありました。

これらの動きを冷静に見ていれば日本バッシング、「株高・地価高は悪だ」との社会風潮がある程度、分かったのではないでしょうか。

2025年の場合、リスク要因としては日銀の金融政策、石破内閣の財政政策（増税？）、夏の参院選挙、トランプ政権の関税強化などを考えておく必要がありそうです。

ともあれ、筆者はこれまで相場巧者と呼ばれる人たちを数多く見てきましたが、実際に〝巨利〟を得て、天寿をまっとうした人物を知りません。その点、是川先生は95歳で亡くなったあと、570億円もの現金が残っていたといわれています。

❖「変化の兆し」をつかめば勝ち方の本質が見えてくる

それはともかく、相場は突然、豹変します。しかし、多くの場合、その前に「変化の兆し」は見えているものです。日銀が金融政策を変更し始めたのは2024年の春でしたが、2023年秋には政策転換の兆候がありました。植田日銀総裁は「金融正常化」という言葉を使っています。

2024年夏の利上げはサプライズでしたが、思い返せば植田日銀総裁のコメントは徐々にタカ派色が強まっていました。それが「変化の予兆」というならば、筆者も含め、多くの投資家が見落としていたことになります。今となっては反省しきりですが、「変化の予兆を見逃すな」という是川先生の戒《いまし》めは、株式投資における勝ち方の本質の1つであることに間違いありません。実際、是川先生は、経済状況に関する300項目ものデータを克明にノートにつけていた、といわれています。

是川先生は、何度も人生（会社経営）に失敗しています。しかし、時代の先を読む能力は抜群に優れていました。株式投資での成功は戦後、人生後半の話です。財界人を中心に「銀友会」を結成、仕手（相場師）的な動きを活発に行なったのは晩年のことです。一方、福祉活動にも力を入れていましたが、これはあまり知られていません。

「最後の相場師」是川銀蔵翁の経歴

1897年	兵庫県赤穂市で零細漁師の7人兄弟の末っ子として生まれる。
1912年	14歳で神戸の貿易商に入社。その会社が倒産。
1914年	中国で大金を稼ぐが、第一次世界大戦の戦乱に巻き込まれて無一文に。
1919年	大阪で鉄ブローカーをしながら伸鉄・亜鉛メッキの工場を経営。
1927年	昭和金融恐慌がおこり、会社が人手に渡る。図書館に通い、経済学を独学する。
1931年	大阪で株取引を始め、70円の元手を7,000円に膨らます。
1938年	朝鮮に是川鉱業を設立し、鉄工所や鉱山を経営。
1945年	太平洋戦争敗戦により、全財産を没収・投獄。
1946年	引き揚げ後、是川農業研究所を設立。
1960年	株取引を再開する。1965年に土地を売り、元手3億円を株の運用につぎ込む。
1976年	6億円に増えた元手のうち3億円を日本セメント株へ投資。需要増を追い風に翌年30億円の巨利を得る。
1978年	養護施設の児童に寄付を開始。1979年には是川福祉基金(現是川奨学財団)を設立する。
1981年	住友金属鉱山の株を買い占め。翌年200億円の巨利を得て、1983年に長者番付1位になる。
1992年	9月12日死去。享年95。

(出所)公益財団法人是川奨学財団ホームページより抜粋

COLUMN 01

金が買われる状況が意味するもの（世界情勢の不透明感を反映！）

さて、筆者はこの世界（銘柄発掘、相場解析）に入って約50年になります。証券会社の本・支店の株式講演会を始めたのは26歳のときです。長くやってきただけのことですが、この間に多くの先輩諸兄の薫陶（教え）を得ました。ありがたいことと思っています。

特に影響を受けたのは先に触れた是川銀蔵先生、コラム04で述べる本多静六先生、「兜町の神様」と呼ばれた伝説の投資家、吉田虎禅先生です。吉田先生の口癖は、「銘柄を絞り込め」でした。筆者が「1000銘柄はウォッチしています」と話したところ、「だから君はダメなんだ」と怒られました。常に「私は30銘柄しか見ていない」と。

吉田先生は戦前、旧満州（現在の中国東北地方）において、大きな鉄工所を経営していました。1943（昭和18）年、中国人の従業員に給料を払うと、皆どこかに急ぎ足で外出します。

あるとき、「なんだあいつらは……」と怪訝《けげん》に思い、こっそりあとをつけました。すると、彼らは街中のパチンコ景品交換所のような場所で給料をすべて小粒の金に換えていたそうです。先生が従業員を問い詰めると、「日本の紙幣は1秒たりとも持っていたくないんですよ」と。これを聞いた先生は、「ああ、これでは日本は戦争に負ける」と判断し、すべての資産を処分、日本に帰ったと語っていました。この決断が先生の生命と財産を守った、といえます。

現在、金（ゴールド）が好まれています。金価格は、2024年10月に最高値をつけました。これは、今後の世界経済、金融情勢、通貨状勢の不安や混乱を予兆しているのではないでしょうか。

◀第2章▶

株式投資で勝つための3つのアプローチ

中・長期の運用に有効とされるファンダメンタルズ・アプローチ

❖重要指標の分析によって株価を予測する

株式投資で勝利する（コンスタントに利益をあげる）ためには、3つのアプローチが必要となります。それはファンダメンタルズ・アプローチ、テクニカル・アプローチ、ジャッジメンタル・アプローチの3つです。

アプローチには目標に近づく（迫る）という意味がありますが、これらのアプローチによって有望銘柄を選び、買い↓売りのタイミングを適切に判断できれば　株式投資で利益をあげる確率が着実にアップします。

したがって、これら3つのアプローチを理解し、実戦投資に役立てることができれば、株式投資「勝ち方の本質」をつかむことにつながります。

この章では、これら3つのアプローチについて私見を述べたいと思います。1つ目は

▶実戦投資で必要となる3つのアプローチ

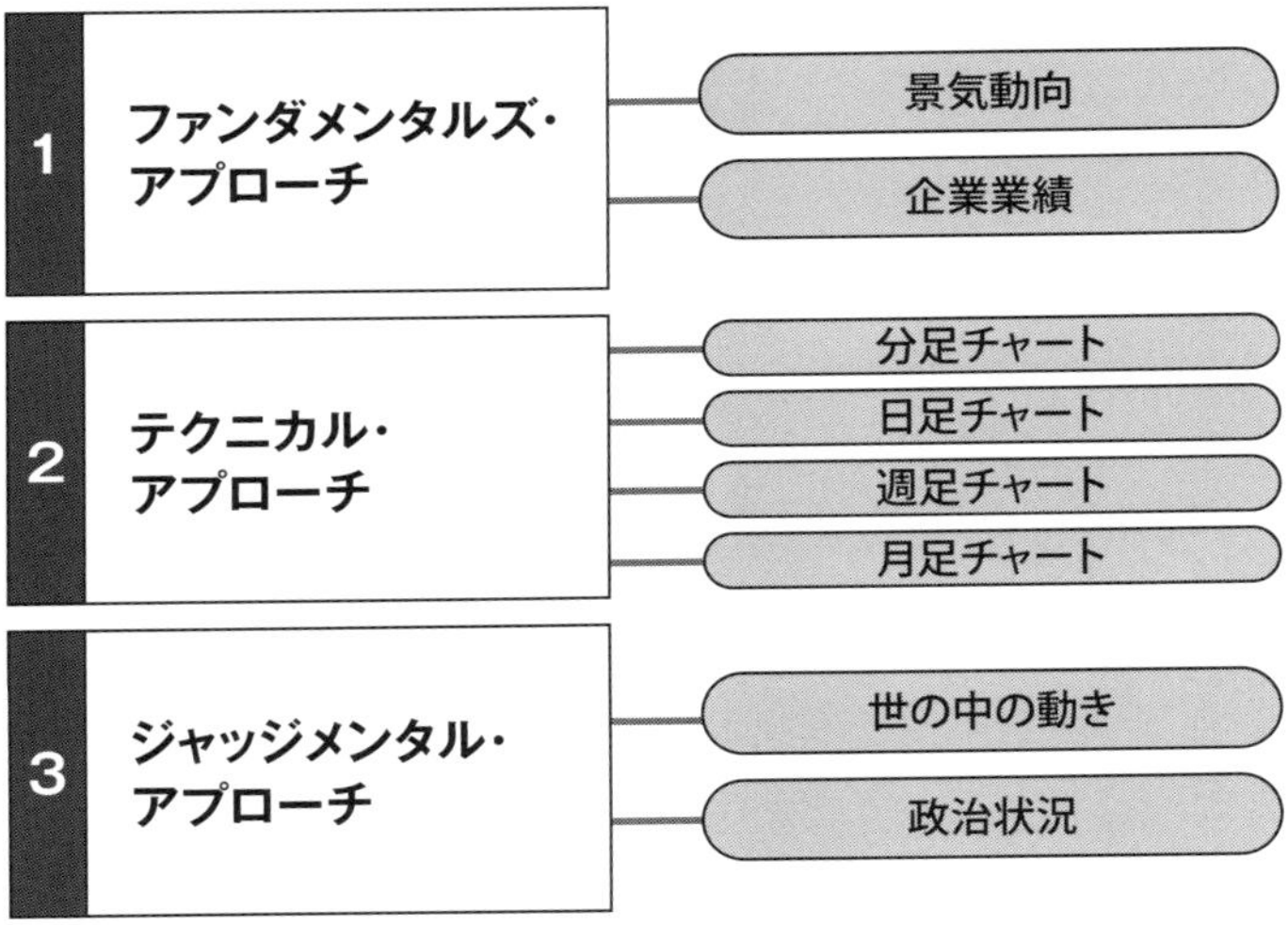

ファンダメンタルズ・アプローチについてです。

ファンダメンタルズとは、国や企業の経済状況を表す指標のことです。「経済の基礎的条件」と訳されます。

国の場合は経済成長率、物価上昇率などが代表的な指標として知られ、企業の場合は業績（売上高、利益等）、財務状況（資産、負債等）、1株利益、配当などが重要指標として使われます。

ちなみに、「ファンダメンタル」には「基礎的な、基本的な」という意味があり、ファンダメンタルズをもとに株価、為替などの値動きを予測することをファンダメンタルズ分析といいます。

❖景気に大きな影響を与えるのは金利、為替、原油価格

株式投資におけるファンダメンタルズ・アプローチで最も重要なことは、景気・企業業績をしっかり分析することです。景気については日本のみならず、世界景気、アメリカ景気、中国景気にも目を配ることが大切です。

景気に大きな影響を与えるのは①金利（中央銀行の金融政策）、②為替（特に円・ドル相場）、③原油価格（WTI）があります。

まず、①の金利が上昇するとキャッシュ・リッチ企業に妙味が生まれます。キャッシュ・リッチ企業とは借入金が少なく、手元流動性の高い（現金などを潤沢に保有する）企業のことです。逆に、借入金がたくさんあり、手元流動性の低い企業は金利が上昇すると苦しくなります。さらに、金利が上昇すると、株式売り、債券買いの資金シフトが起こります。

また、②の為替は円高になるとエネルギー関連企業、原材料、販売製品の輸入業者にメリットが生じます。具体的には、**大阪ガス（9532）、INPEX（1605）、ENEOSホールディングス（5020）、ニチレイ（2871）、ニトリホールディングス（9843）**などです。

ちなみに、輸出企業の2025年3月期における想定為替レートは、以下のようになっています（2024年5~6月の決算発表時）。この当時は、円高と予想している企業が多かったことが分かります。

＊1ドル130円の企業→**ソシオネクスト（6526）**、**JUKI（6440）**、**コーセー（4922）**、**NKKスイッチズ（6943）**

＊1ドル135円の企業→**ファナック（6954）**、**レゾナック・ホールディングス（4004）**、**ミツバ（7280）**、**明海グループ（9115）**

＊1ドル140円の企業→**日立製作所（6501）**、**TDK（6762）**、**ホンダ（7267）**、**SCREENホールディングス（7735）**、**住友商事（8053）**

＊1ドル145円の企業→**ソニーグループ（6758）**、**トヨタ自動車（7203）**、**伊藤忠商事（8001）**

ただし、輸出企業といっても輸出だけではありません。原材料の輸入があり、現地生産した製品を輸入販売するケースが増えています。為替の設定は単純ではありません。

さらに、③の原油価格（WTI）はLNG（液化天然ガス）価格を左右し、関連銘柄の株価を変動させます。

❖PER、PBR、ROEで株式の本質的価値を知る

株価は株価の3要素、すなわち価値、需給、人気によって決まるといわれています。これは個別企業の株価だけではなく、日経平均株価などの指数についても同じです。

株式投資を行なう際には、株式の本質的価値（ファンダメンタル・バリュー）を形成する企業の業績、財務状況をもとに分析しますが、代表的な指標として使われるものには①PER（株価収益率）、②ROE（自己資本利益率）、③PBR（株価純資産倍率）などがあります。

PERは株価÷1株当たり純利益、ROEは1株当たり純利益÷1株当たり自己資本×100、PBRは株価÷1株当たり自己資本＝PER×ROEの計算式によって算出されます。したがって、PBRを高めるにはROEが非常に重要な要素となります。

ちなみに、2024年12月26日の日経平均株価（終値）は3万9568円でしたが、この時点のPER（株価収益率）は実績ベースで16・46倍、予想ベースで16・04倍となります。したがって、EPS（1株利益）は実績ベースで2404円（3万9568円÷16・46倍）、予想ベースで2467円（3万9568円÷16・04倍）と算出されます。

これはとりあえず、2・6%（2467円÷2404円×100）の増益を確保できる

▶PER、ROE、PBRの計算式とその関係

指標	計算式	例
PER（株価収益率）	$= \dfrac{株価}{1株当たり純利益}$	$\dfrac{1{,}000円}{100円} = 10倍$
ROE（自己資本利益率）	$= \dfrac{1株当たり純利益}{1株当たり自己資本} \times 100$	$\dfrac{100円}{500円} \times 100 = 20\%$
PBR（株価純資産倍率）	$= \dfrac{株価}{1株当たり自己資本}$ ＝PER×ROE	$\dfrac{1{,}000円}{500円} = 2倍$ ＝10倍×20% ＝2倍

ことを示しています。また、PBRの実績値は1・46倍です。BPS（1株純資産）は2万7101円（3万9568円÷1・46倍）と算出されます。

PERはアメリカ市場（S&P500指数）の22・3倍、世界平均の18・5倍などと比較し、割高か割安かを判断します。

なお、PBRはアメリカ市場が5・4倍、世界平均は3・4倍前後に評価されています。日本は主力企業でも1倍を割り込んでいるところがあります。日本企業はROEが低いとはいえ、解散価値以下の水準が割安なのは間違いありません。

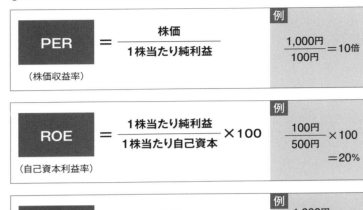

❖最高益更新、黒字転換、増配の各銘柄に注目

個別銘柄のファンダメンタルズはどうでしょうか。原稿執筆時において、今期の増益企業は**ＭｏｎｏｔａＲＯ**（３０６４）、**ツムラ**（４５４０）、**ペプチドリーム**（４５８７）、**中国塗料**（４６１７）、**Ｍ＆Ａキャピタルパートナーズ**（６０８０）、**牧野フライス製作所**（６１３５）、**三菱電機**（６５０３）、**ＦＰＧ**（７１４８）、**リログループ**（８８７６）などがあります。三菱電機は、２０２４年10月31日の決算発表において２０２５年３月期の２ケタ増益見通しを発表、その後株価は急騰しました

四電工（１９３９）、**積水化学工業**（４２０４）、**日本電子**（６９５１）、**Ｇ－７ホールディングス**（７５０８）などは最高益を更新する予想です。

また、赤字決算が黒字に転換する企業には、**Ｗｉｌｌ Ｓｍａｒｔ**（１７５Ａ）、**Ｌｉｂｅｒａｗａｒｅ**（２１８Ａ）、**モルフォ**（３６５３）などがあります。これらは株価妙味が大きいと判断できます。

さらに、２０２５年度の増配企業には**ＵＴグループ**（２１４６）、**ダイドーリミテッド**（３２０５）、**高島**（８００７）などがあります。商社の高島は、２０２４年11月12日に２０２５年３月期の増配（前期の60円が80円に）を発表、株価は急反発しました。

▶三菱電機(6503)の週足

▶三菱電機の業績推移

	2023年3月期	2024年3月期	2025年3月期(予)
売上高	5,003,694 (+11.8)	5,257,914 (+5.1)	5,390,000 (+2.5)
純利益	213,908 (+5.1)	284,949 (+33.2)	315,000 (+10.5)
年間配当	40 (±0.0)	50 (+25.0)	50 (±0.0)

(注)単位=売上高、純利益は百万円。年間配当は円。( )は前期比。2025年3月期は会社予想

▶高島（8007）の週足

このようにファンダメンタルズに着目して調べていくと、現在の株価は割安なのか割高なのか、株価はどう動きそうかなどの判断材料（情報）を見つけることができます。基本は「よくなった企業」ではなく、「よくなる企業」を買うことです。

特に中・長期の運用を考える人にとって、ファンダメンタルズ・アプローチは有効な投資手法になり得ると思います。

株価チャートで上げ下げを予測するテクニカル・アプローチ

❖「株価は正直である」という相場格言の教え

次は、テクニカル・アプローチについてです。これは主に、株価チャート（株価の動き）をもとに相場の先行きを予測する手法です。

株価チャートの代表的なものにはローソク足と呼ばれるものがあり、これに移動平均線などを組み合わせて株価の動きを予想します。もちろん、出来高（売買代金）のチェックは必要です。

「株価は株価に聞け」、**「株価は正直である」**という相場格言がありますが、テクニカル・アプローチは、この考え方に基づいています。

すなわち、現時点の株価は、マーケットのあらゆる情報と市場参加者の思惑（投資家心理）がすべて織り込まれている、という考え方です。

例をあげると、チャート的に青空圏を駆け上がっている上場来高値銘柄は、当該企業の株式を保有している人すべてが儲かっている（利食いの状態にある↓過去の売買による抵抗帯がない）ことを示しています。

例えば、ある銘柄が１０００円の上場来高値をつけた場合、５００円で１０００株買った人の評価益は50万円＝（１０００円－５００円）×１０００株になりますし、９５０円で買った人のそれは5万円＝（１０００円－９５０円）×１０００株になります（売買コスト除く）。投資家は利食いの玉（株式）は売りたがりません。

原稿執筆時の上場来高値には、**日本酸素ホールディングス（４０９１）**、**フジクラ（５８０３）**、**サンリオ（８１３６）**、**コナミグループ（９７６６）**などがありました。さらに、**住友電設（１９４９）**、**中外製薬（４５１９）**、**日立製作所（６５０１）**、**アドバンテスト（６８５７）**などもそうです。

２０２４年12月には、**味の素（２８０２）**、**ワコールホールディングス（３５９１）**、**リクルートホールディングス（６０９８）**なども上場来高値を更新しています。

これらは、それぞれの好材料によって投資家の人気を集め、「上がるから買う」↓「買うから上がる」という図式になったのです。

❖暴落日の逆行高銘柄は抜群に強い

相場格言には、**「暴落日の〝赤札銘柄〟を狙え」**というものがあります。これは、全般相場が大きく下げているとき、逆に高くなっている銘柄（かつて市場関係者は赤札銘柄と呼んだ）を買えば、儲かることが多いということを示唆しています。

相場が全面安商状のときでも買われる銘柄（逆行高銘柄）は数少ないのですが、かならずあるものです。そのような強い銘柄の背景には何かあります。何しろ、ほとんどの銘柄が大きく下げているのに、買いたい人がいるのです。

相場つきの悪いときに上がる銘柄を狙うのは、買いの基本スタンスといってよいでしょう。そのような銘柄は、全般相場が落ち着きを取り戻したとき、大相場に発展する可能性を秘めています。

２０２４年９月９日、日経平均株価は前週末比最大１１００円を超える大きな下げに見舞われました。しかし、**三和ホールディングス（５９２９）**は最大１０７円値上がりし、逆行高となりました。アメリカ事業（ドア、シャッター）が好調です。

その後、同社株は同年11月12日に４６７１円まで買われています。９月９日の終値３３６５円に対し、上昇率は38・８％になります。アクティビスト（もの言う株主）が介

▶三和ホールディングス(5929)の日足

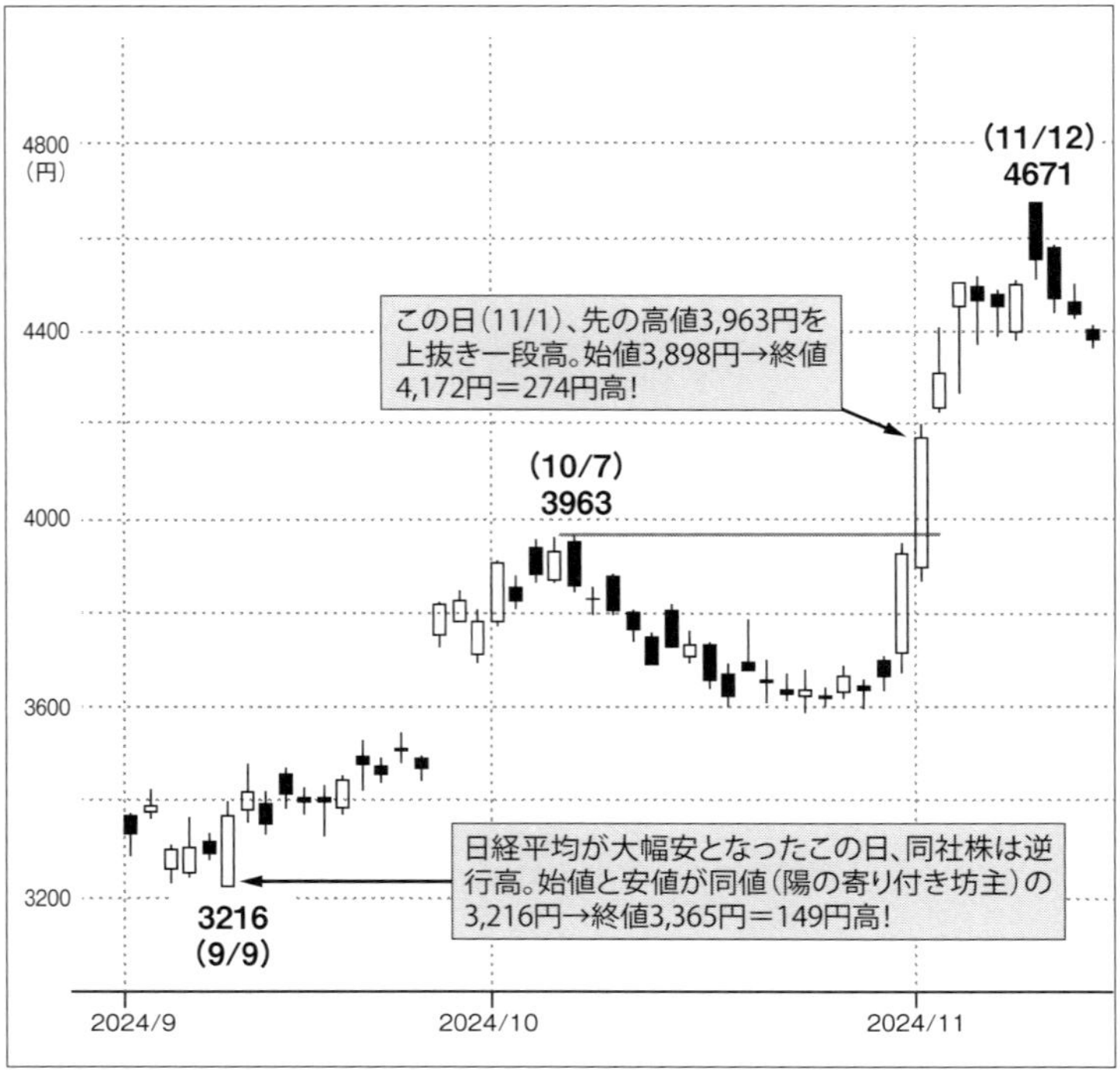

入している銘柄です。

同じく２０２４年９月11日、日経平均株価は再度、前日比最大９００円を超える大きな下落となりました。しかし、**住友林業（１９１１）**は前日比最大１２１円値上がりしました。これもアメリカでの住宅事業が評価されています。

その後、同社株は10月３日に７２９３円まで上昇（９月11日終値比17・8％高）しています。

❖ストップ高は一段高相場の号砲となる

ストップ高銘柄を狙うのも、テクニカル・アプローチの有効な手法です。ストップ高とは株価が決められた水準の上限まで上昇することです。逆に、決められた水準の下限まで下落することをストップ安といいます。

株式市場では行き過ぎた株価の乱高下を避けるため、株価の1日当たりの変動幅が証券取引所によって決められています。これは値幅制限といわれ、その「制限値幅」は基準株価に基づいて定められています。ちなみに、アメリカ市場にはストップ高、ストップ安の制度はありません。

それでは具体例を見ていきたいと思います。水まわりサービス支援が主力の**アクアライン（6173）**は、2024年8月9日、前日の312円に対し、制限値幅いっぱいとなる80円高の392円まで上昇しました。同社株はさらに、3連休明けの8月13日、440円まで買われています。

ストップ高に妙味があるのは、ストップ高が号砲となってその後、相場が一段高となることです。もちろん、線香花火のように一過性の爆上げで終わってしまうケースもありますが、かなりの確率で人気が継続します。実際、同社株も1カ月ほどもみ合ったあ

▶プレシジョン・システム・サイエンス(7707)の日足

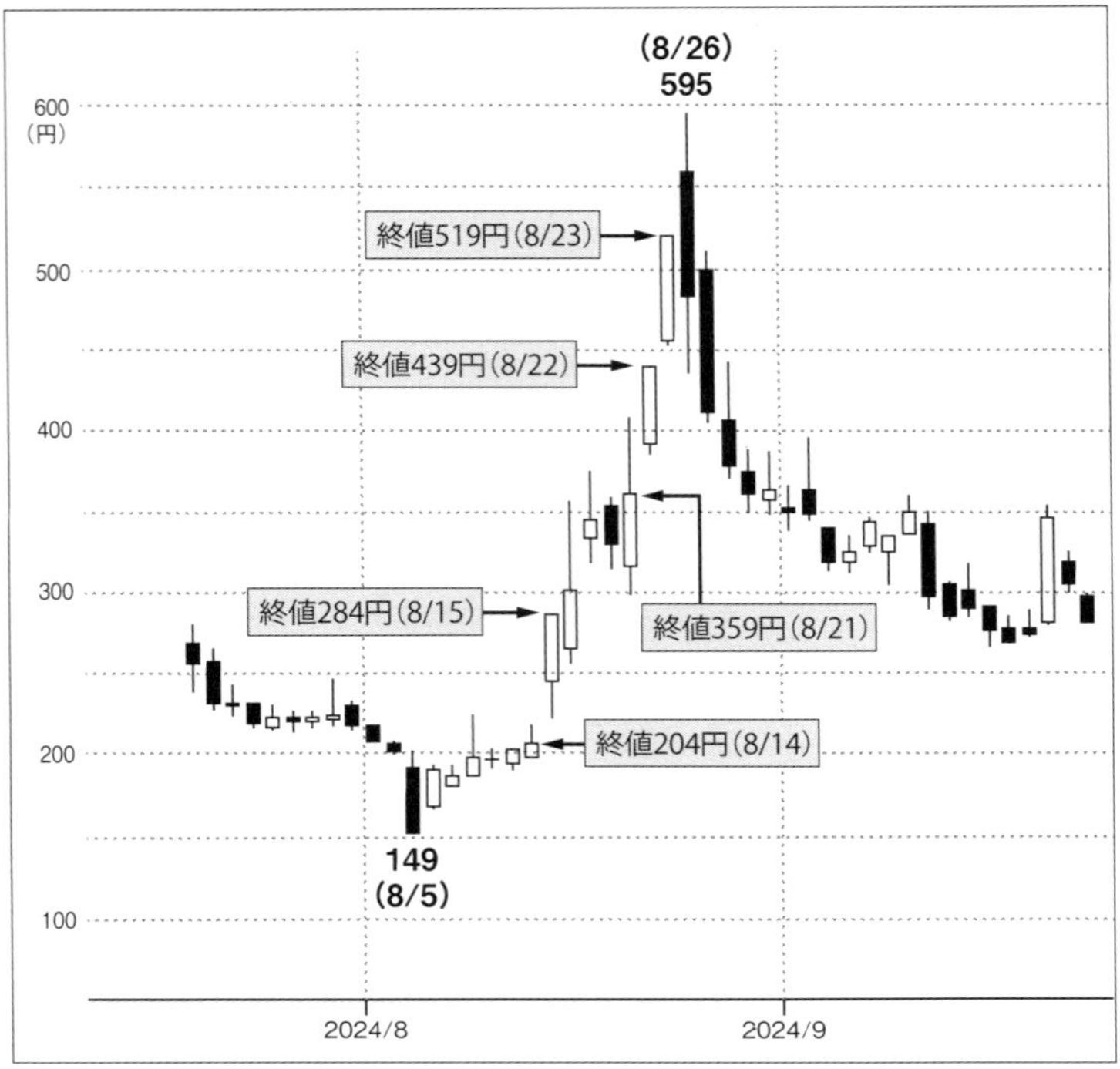

と、同年9月20日に前日比80円高の412円と再度のストップ高を示現し、これまた3連休明けの9月24日は490円まで買われています。

もう1つの事例は、**プレシジョン・システム・サイエンス(7707)**です。同社は遺伝子解析装置などを手がける東証グロース銘柄ですが、2024年8月15日に前日比80円高となる284円で引けました。比例配分の場合、買えないケースもありますが、投資家の間にはストップ高銘柄を最小単位ですべて買う、という人がいます。

この銘柄の値動きについて、驚くのはそのあとです。このストップ高がまさに大相場の号砲となり、翌8月16日の始値263円が同月26日には595円まで急騰しました。この間の上昇率は126・2%、短期倍化を果たしたことになります。

❖上昇相場に突入しやすい底練り、もみ合い銘柄

株価チャートの解析では、底練り、もみ合いを経て上昇相場を形成するパターンも重要となります。ストップ高銘柄のような大陽線が突然出現するパターンに比べると地味ですが、成功率の高さで知られています。

製紙の国内トップ企業である**王子ホールディングス（3861）**は、2024年に545・9円でスタートしましたが、1～2月まで安値534・8円～高値591円の間で底練り、もみ合いを続けました。何しろ、日本最大の「山林王」です。

当然、見直されます。同年3月1日、移動平均線の5日線が20日線を上回ると（ゴールデンクロス）、相場つきが一変しました。3月1日の終値574・2円が続伸に次ぐ

▶王子ホールディングス（3861）の日足

続伸、4月15日には680・5円まで買われました。上昇トレンドの転換を見逃してはいけません。

この間の上昇率は18・5％に達しますが、同じ期間の日経平均株価は逆に1・7％下落しています。同社株は日経平均株価を算出する日経平均採用銘柄ですので、指数に逆行して上昇したことになります。

もう1つ底練り、もみ合いを経て急騰した銘柄を検証してみたいと思います。**NTN（6472）**は世界トップシェア製品を生産するベアリング大手ですが、2024年4～5月は、ほぼ300～320円幅のレンジでもみ合いを続けていました。自動車生産の動向、為替の影響を強く受ける銘柄です。それに、マーケットでは「経営力に難がある」とみられているようです。

ところが、5月31日には306・9円の始値が323・8円まで買われ（上昇率5・5％）、週明けの6月3日には330・8円と一段高になりました。5月31日の始値に対し、7・8％もの短期急騰です。

プライム市場以外に目を向けると、もっとダイナミックな底練り、もみ合い→上放れ銘柄のパターンを見ることができます。

東証スタンダード市場上場の半導体関連企業、**ザインエレクトロニクス（6769）**は2024年6月17日、前日比43円高の962円でスタートし、その後、上値追いの展開となりました。その直前の1カ月ほど底練り、もみ合いを続けていたあとの上昇相場入りです。

同年7月1日には前週比300円高のストップ高を示現し、1660円の高値をつけました。さらに、7月3日には1999円まで買われています。

投資期間によって使い分ける分足、日足、週足、月足チャート

❖日足で底打ち→反転気運を感じたディスコ

ローソク足チャートには分足、日足、週足、月足があります。一般的に、分足は1日で取引を終わらせるデイトレードなど、超短期の投資（ディーリング）に使います。日足は2～15日前後の短期投資、週足は2～4週間くらいの中期投資、そして月足は3カ月以上の長期投資の分析に適しています。

もちろん、その時々のケースにより、これらをうまく組み合わせて（併用）活用することができれば、成功率はグンとアップします。

ここでは日足、週足については、原稿執筆時に底打ち→反転が見込めると判断した銘柄、月足については長いもみ合いを経て高値追いとなった銘柄を取り上げてみたいと思います。

▶ディスコ(6146)の日足

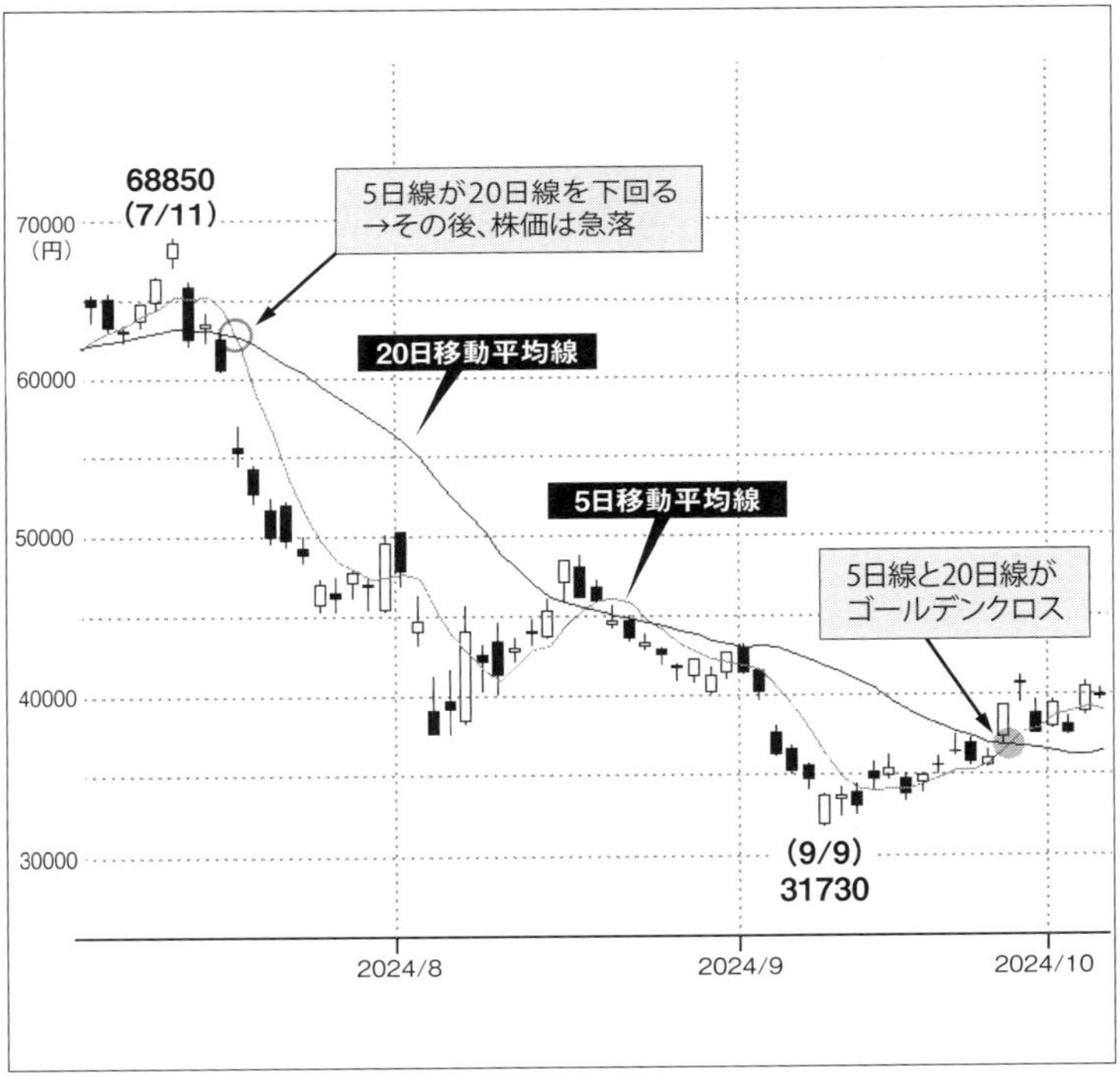

まず、日足で妙味を感じたのは**ディスコ(6146)**です。同社は半導体研磨装置などで世界シェアトップを誇り、2024年の株価は、年初の3万2830円が7月11日には6万8850円まで駆け上がりました。この間の上昇率は109・7%、2倍を超えています。

しかし、その後は一転して下げ相場となり、9月9日には3万1730

円まで売られてしまいました（下落率53・9％）。上げ下げの激しい半導体セクターの厳しさ、難しさを痛感させられたわけですが、ここで底打ち→反転気運を高めています。

9月30日には石破ショックで日経平均株価が急落しましたが、この日の同社株は移動平均線の5日線が20日線を上回り、その後の展開が楽しみになってきました。実際、11月7日には4万7830円まで戻しています。

❖反騰期待の南海化学、大相場形成の新晃工業

週足で底打ち→反転が見込める銘柄は、**南海化学（4040）**です。東証スタンダード市場に上場の銘柄ですが、2023年6月の2123円を底に上値追いの展開となりました。深い押しを入れながら、2024年2月には6060円の上場来高値をつけています。しかし、同社株も先のディスコ同様、ここをピークに下げトレンドとなっています。ただ、徐々に反転気運が出てくれば、再度の上値追いも期待できそうです。

月足については、長いもみ合いを経て高値追いとなった銘柄を検証してみます。**新晃工業（6458）**は業務用空調機器の中堅メーカーですが、東証プライム市場上場銘柄です。

▶南海化学（4040）の週足

株価は2022年以降、2023年の秋頃まで、おおむね400円台～600円台の間で上げ下げを繰り返していました。しかし、この長期にわたるもみ合い商状にも終止符が打たれます。

同社株はその後、深押し場面（長い下ヒゲ）はありましたが、2024年9月20日に1655円まで買われています。これは、2022年末の安値に対し、3・5倍強に

▶新晃工業(6458)の月足

なったことになります。

なお、株価チャートの基本、ローソク足の組み合わせ、大底確認サインと天井確認サインの見方などについては、**『株価チャートのすごコツ80』（杉村富生著・すばる舎）**に詳述してあります。ぜひ参考にしてみてください。相場巧者といわれる人は、チャートを有効に使っています。チャートは「投資家の杖」なのです。

◆『株価チャートのすごコツ80』の一例（本文121ページより抜粋）

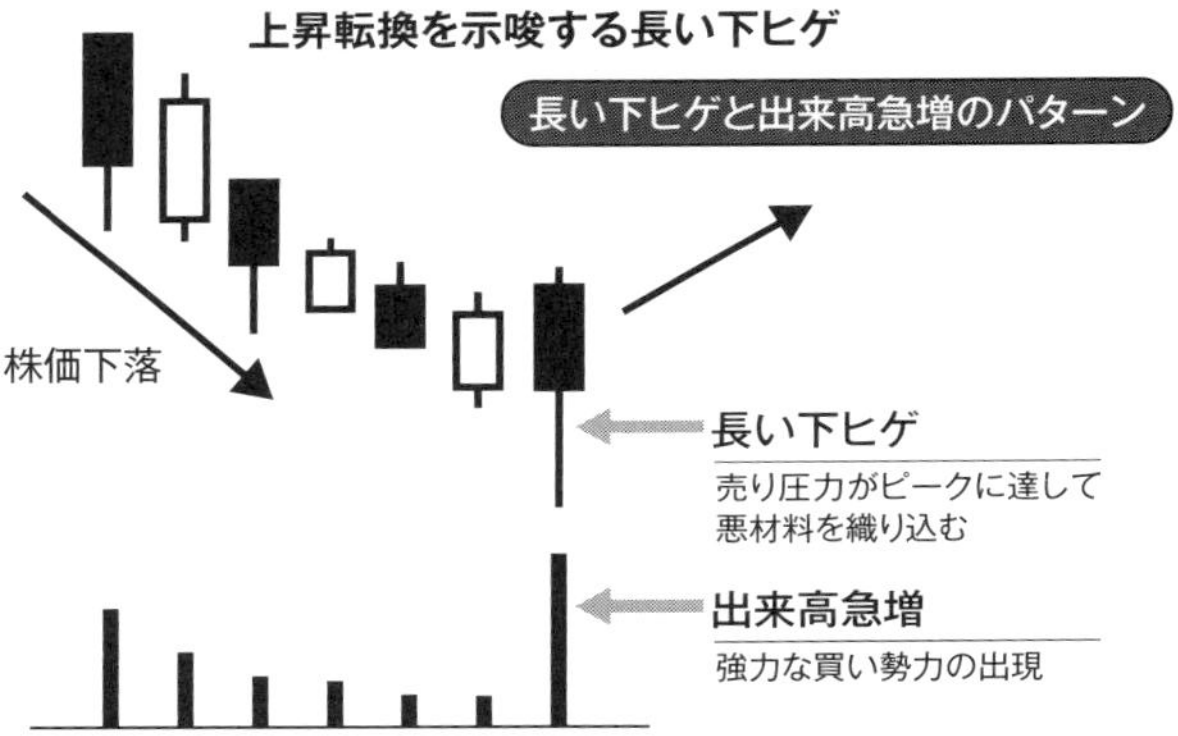

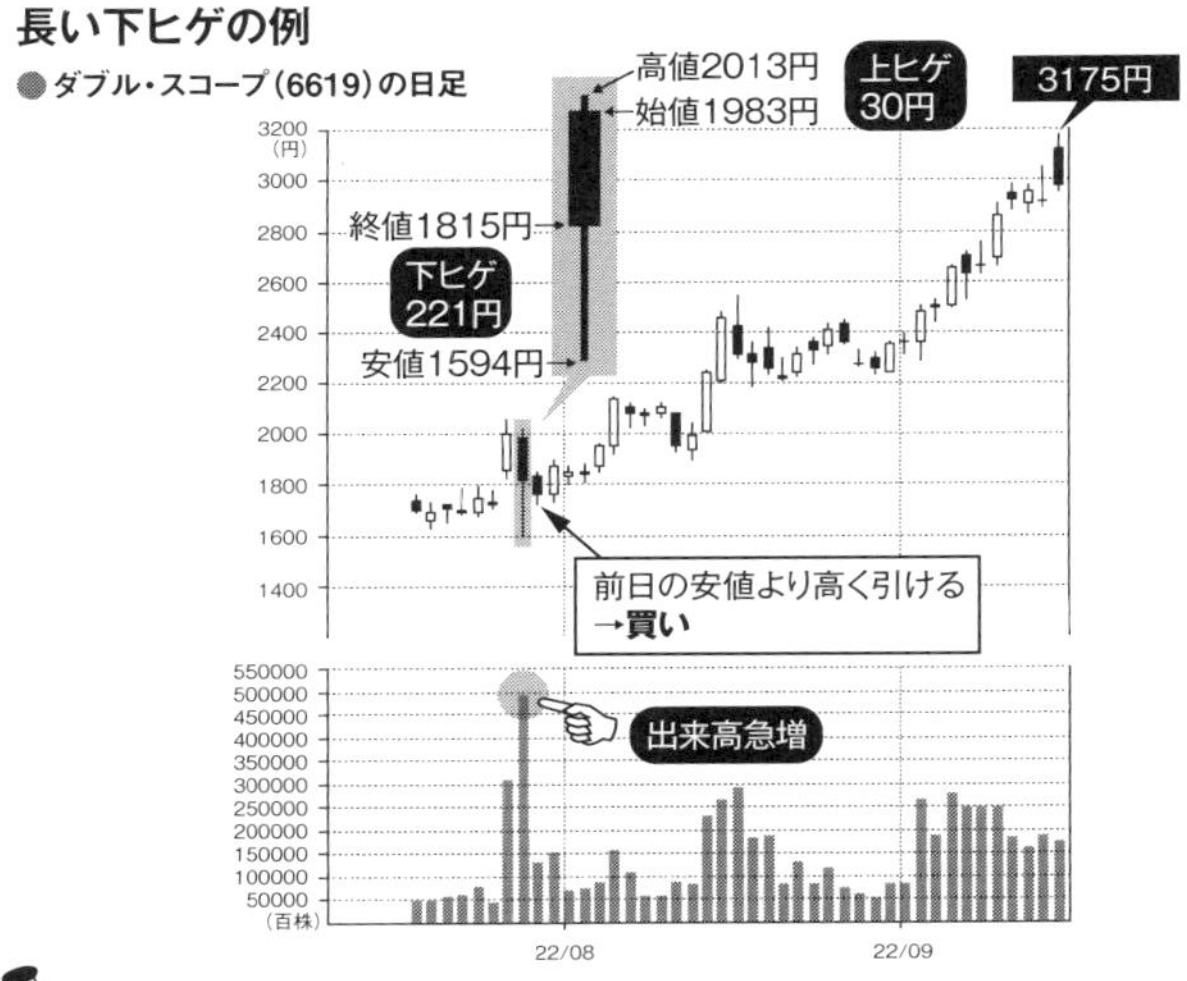

POINT

長い下ヒゲが出現する理由を知り、
底値確認のサインになり得ることを理解する。

世の中の動きをもとに株価を判断するジャッジメンタル・アプローチ

❖「世相にカネを乗せよ」との相場格言の教え

株式投資において、勝利する（コンスタントに利益をあげる）ための3つのアプローチの最後は、ジャッジメンタル・アプローチです。これは最初に取り上げたファンダメンタルズ・アプローチ、2番目に解説したテクニカル・アプローチに比べ、個人投資家にはあまり知られていないようです。

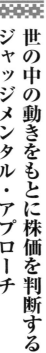

ジャッジメンタル・アプローチとは、分かりやすくいうと「世相、世の中の動きをもとに株価を判断すること」です。相場格言は、**「世相にカネを乗せよ」**と教えているではありませんか。

世相とは世の中のありさま、社会の様子のことです。国の政策と言い換えることも可能です。技術革新、ヒット商品などもそうです。この格言は、世の中の動きに合わせて投資をすることの大切さを伝えているのです。

過去を振り返ると、バブル経済下では不動産株、金融・証券株が急騰し、ＩＴ相場下では情報・ネット関連株が大化けしました。ＩＴバブル相場下の飲み屋では、ネット関係者が羽振りをきかせたものです。

株式投資で儲けるためには、世の中の動きに乗った銘柄を探し出し、買いを入れなければなりません。反対に、行きすぎた異常な状況（過熱）だと判断すれば、ためらうことなく売り（持ち株の手仕舞い）を出さなければいけません。これが非常に大切なこと（勝ち方の本質の1つ）なのです。

ちなみにジャッジには判断する、審査するという意味があり、その語源は「基準に従って判断する者」、「公正・中立な判断を下す人」ともいわれています。そして、メンタルは精神、心、心理、意思を意味します。

なお、投資信託などファンドを運用するプロの間では、人による投資判断に基づく運用（ジャッジメンタル運用）と、統計などの数値に基づく機械的な投資判断（クオンツ運用）とのバランスが運用成績上、非常に大切になるとされています。ただし、最近はＡＩ（人工知能）、アルゴリズムによる取引が多用されているようです。

❖筆者が半導体関連の深追いに警鐘を鳴らした理由

ジャッジメンタル・アプローチについての説明はこのくらいにして、具体例を紹介したいと思います。2024年6〜7月に、半導体関連株が大フィーバーしました。まさに、「半導体関連でなければ株にあらず」といった状況でした。

前項で取り上げたとおり、**ディスコ（6146）**が同年7月11日に6万8850円まで買われ、年初比2・1倍になったのです。ほかにも爆上げした半導体関連株はいくつかありました。しかし、筆者はその頃（2024年6〜7月）、講演会などで「このセクターの深追いは禁物」と警鐘を鳴らしました。なぜでしょうか。それは明らかな過熱がみられたためです。

当時、アメリカの半導体大手のエヌビディア（NVDA）の時価総額が円換算で500兆円を突破しました。そして、「2016年にエヌビディアに100万円投資、それが7500万円になった」とか、「エヌビディアに300万円を投資したら、1億5000万円になった」といった投資家の声が聞かれたのです。

そして2024年7月16日、アメリカ市場の時価総額上位7社、別名「壮大なる7社」ともいわれるマグニフィセント・セブンの時価総額は何と2608兆円に膨らみました。

いくら何でもやりすぎです。

これは東証プライム市場（当時1657社上場）全体の約3倍であり、筆者はいくら何でも、これは「異常」と判断しました。「異常は長く続かない」というのが経済学的な原則です。

また、同じ6〜7月頃、証券会社の幹部がこぞって熊本（半導体工場の建設現場）視察に行き、口々に「すばらしい」と称賛していました。さらに、一般投資家向けに熊本視察ツアーが計画され、大人気でした。

これについては、正直な話、遅すぎます。筆者（熊本出身）が熊本の半導体関連の工場フィーバーを取り上げたのは、3〜4年前です。

熊本視察ツアーは第1陣、第2陣ともに満員札止めになったらしいのですが、その参加費用は1泊2日の日程で何と19万8000円（！）とのことでした。いや〜、人気とはいえ、すごい金額です。

ご承知のとおり、熊本県菊陽町には世界最大の半導体受託製造企業、TSMC（台湾積体電路製造）が工場を建設しています（第1工場は2024年12月に稼働）。2025年第1四半期には、第2工場の建設も行なわれます。

マスコミはこぞって熊本のフィーバーぶり、熊本バブルを報道していますが、こんな状態は怖いですね。

だからこそ、この高値圏では「手を出すな」と主張したのです。結果はどうでしょうか。AIブームの陰りとともに、半導体関連株は急落しました。株式投資の世界では、「はじめに」でも触れましたが、「遅れた者は悪魔の餌食」になるのです。

もちろん、2025年は本格的に出直るでしょうが、相場だけでなくそれに関係する人々が行き過ぎた行動をしたとき（異常な過熱状態）の投資（新規買い）は禁物です。

❖アメリカの住宅取得支援策で急騰した日本の関連銘柄

次は筆者がこれまで、ジャッジメンタル・アプローチによって導き出した銘柄とその理由（根拠）を述べてみたいと思います。

2024年の夏場、アメリカ大統領選挙は佳境を迎えていましたが、ハリス候補、トランプ候補ともに「住宅取得支援」を打ち出していました。

アメリカでの住宅事業に注力しているのは、先にも取り上げた**住友林業**（**1911**）、**大和ハウス工業**（**1925**）、**積水ハウス**（**1928**）であり、関連企業としてメリッ

▶ラウンドワン(4680)の週足

▶ラウンドワンの業績推移

	2023年3月期	2024年3月期	2025年3月期(予)
売上高	142,051 (+47.3)	159,181 (+12.1)	171,310 (+7.6)
純利益	9,737 (+147.3)	15,666 (+60.9)	17,000 (+8.5)
年間配当	8 (+19.9)	12 (+50.0)	16 (+33.3)

(注)単位=売上高、純利益は百万円。年間配当は円。( )は前期比。2025年3月期は会社予想

トを享受するのはシャッター首位の**三和ホールディングス（5929）**、屋外作業機械首位の**やまびこ（6250）**、給湯器大手の**ノーリツ（5943）**などです。

また、アメリカの利下げ開始局面では公益、不動産、小売り（サービス）が買われます。このとらえ方によって注目したのが**ラウンドワン（4680）**でした。同社は100億円を投じ、アメリカ市場を開拓しています。営業利益も今や、日本よりアメリカのほうが大きくなっています。

❖「世相にカネを乗せる」ということを常に考える

半導体関連については先にも触れましたが、マスコミで大きく報道されているTSMC（熊本県菊陽町）とラピダス（北海道千歳市）には、決定的な差があります。

九州電力（9508）は原発4基が稼働、電力料金は同業他社と比べ割安、電力の供給は万全です。これに対し、**北海道電力（9509）**は原発稼働ゼロであり、ラピダスは操業が危ぶまれています。

電力網の拡充が急がれるという観点では、**九電工（1959）**、**きんでん（1944）**がメリットを受けそうです。

▶住友電気工業（5802）の月足

また、半導体工場とともにデータセンターの建設もラッシュ状態となっています。この分野では光ファイバーの需要が急増し、**住友電気工業**（5802）、**フジクラ**（5803）、**精工技研**（6834）に注目できます。

国策という視点では、防衛力の増強、地方創生、子育て支援、国土強靭化、インフラ（上下水道、橋梁、道路、送電線など）の整備が欠かせません。ただし、その財源をどうするのか、との問題は残っています。安易な増税は困ります。

社会的なテーマでは、治安の悪化を指摘できます。すなわち、「トクリュウ」と呼ばれる「匿名・流動型犯罪グループ」の暗躍です。

彼らは匿名性の高いSNS（ソーシャル・ネットワーキング・サービス）などで実行役を集め、特殊詐欺などの犯罪を行なう集団です。最近は特殊詐欺にとどまらず、強盗などの凶悪事件（死者も出ている）も全国で発生しています。

警察庁の調査によると、この10年の間に「日本の治安は悪化した」と感じている人が71・9％にのぼっています。これは自衛するしかありません。

まず、警備業界トップの**セコム**（**9735**）、同2位の**綜合警備保障**（**2331**）、セコムが筆頭株主の**東洋テック**（**9686**）の出番です。

次に必要なのは監視カメラの**あいホールディングス**（**3076**）、**セキュア**（**4264**）、**セーフィー**（**4375**）、**ダイワ通信**（**7116**）です。

また、インターホン首位の**アイホン**（**6718**）、シャッター首位の**三和ホールディングス**（**5929**）なども頼りになります。

▶綜合警備保障（2331）の週足

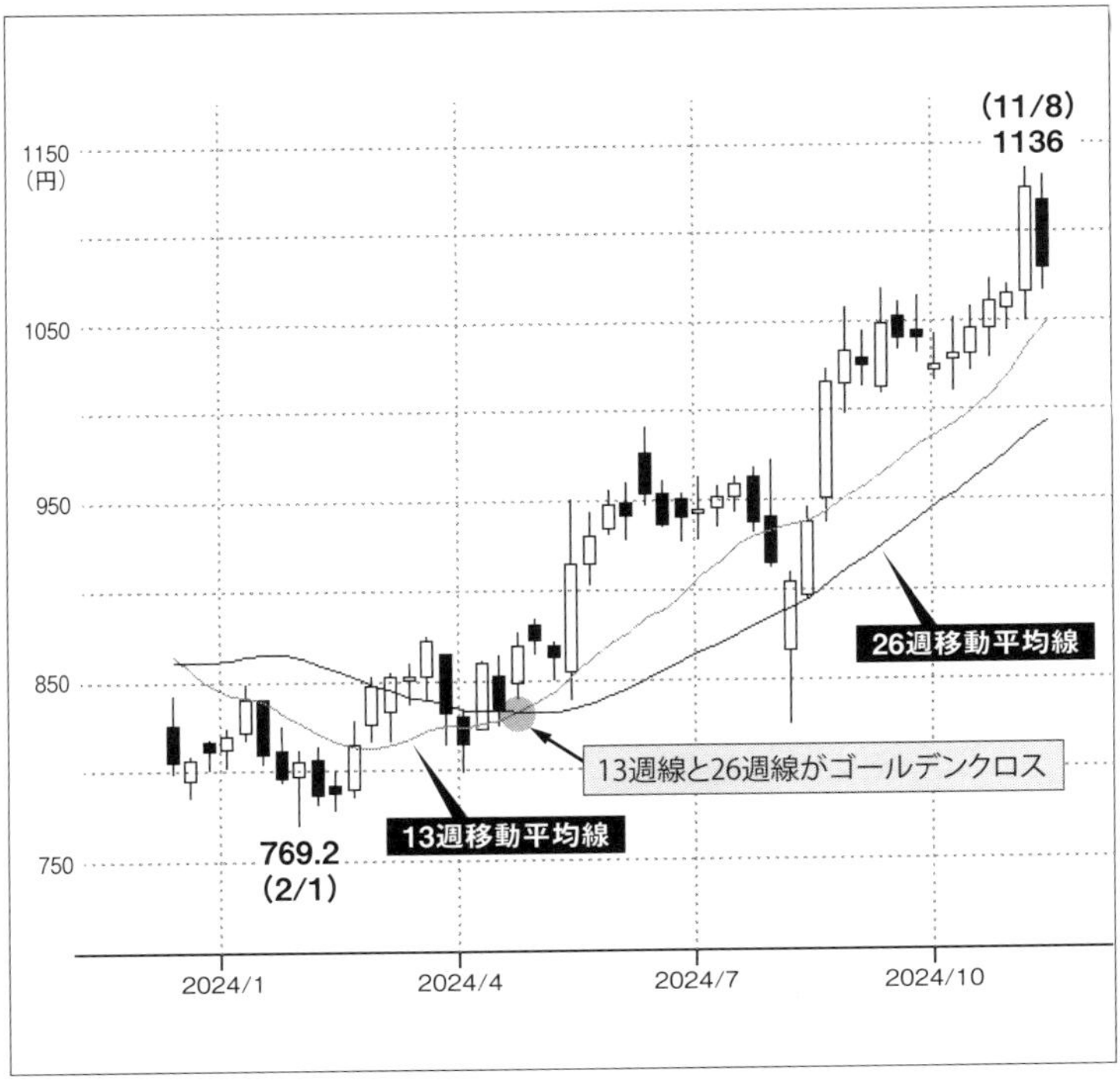

▶綜合警備保障の業績推移

	2023年3月期	2024年3月期	2025年3月期（予）
売上高	492,226 （＋0.6）	521,400 （＋5.9）	550,000 （＋5.5）
純利益	23,950 （▲17.3）	27,327 （＋14.1）	27,600 （＋1.0）
年間配当	17.2 （＋4.9）	23.7 （＋37.8）	24.8 （＋4.6）

（注）単位=売上高、純利益は百万円。年間配当は円。（　）は前期比。2025年3月期は会社予想

COLUMN 02

国民民主党が主張する政策
（〝リベラル〟な石破政権より右の政党!?）

少数与党の政権運営は迷走し、「何も決められず、何も決まらない時代」（かつて、日本の首相の任期は１年?と酷評されたことがある）にカムバックするのでしょうか。いや～、これは増税以上に困りますね。ただし、国民民主党、日本維新の会との部分連合はあり得ます。自民党は特に、国民民主党が頼りです。両党の政策は実現する可能性が高いと思います。

それと、公明党は財政出動を唱えていますし、国民民主党は積極財政です。これに、石破首相は引きずられるはずです。

ご存じのとおり、国民民主党は 2024 年 10 月末の総選挙で大躍進（公示前の 7 議席が 28 議席に）しました。その主な政策を見ると、(1) 経済・財政では ① 手取りを増やし、消費と投資を拡大、持続的な賃上げを実現する。② 所得税の基礎控除と給与所得の控除を計 103 万円から計 178 万円に引き上げる。(2) 外交・安全保障・エネルギーでは、① 原子力発電所の建て替え・新増設により、輸入に頼らない安定的なエネルギーを確保する。② 補助金の延長、トリガー制度の復活によりガソリン価格を下げる。(3) 家族・子育てでは、①年 5 兆円程度の教育国債を発行し、子育て予算、教育・科学技術予算を倍増する。② 3 歳からの義務教育、高校授業料の無償化、給食・修学旅行費を全額補助する、などとなっています。

国民民主党は議席数で第 4 位の政党でありながら、第 2 位の立憲民主党からも秋波を送られています。キャスティングボートを握った同党の行動は、株式市場にも影響を与えそうです。

◀第3章▶

株式投資で成功するための8条件

株式投資で成功する（コンスタントに利益をあげる）ためには、いくつかの条件が必要となります。これは事故を起こさず、安全に車を運転するためには運転免許が必要となるのと同じです。

以下に述べる「株式投資で成功するための8条件」は、筆者が50年以上にわたる相場解析、銘柄発掘を通じて導き出し、想定外のことが起きる株式市場、それを支える多くの人々の浮き沈みを見てきて有効性を確信したものです。参考にしてください。

条件①
最低限の投資哲学・ノウハウを身につける

❖基本を知り、記事を読み、識者の話を聞く「投資の3K」

最低限の投資哲学・ノウハウには、「投資の3K」「投資の3流」「投資の3性」「投資の3術」「投資の3力」などがあります。

まず、投資の3Kとは「基本」「記事」「聞く」の頭文字（K）のことです。

最初に必要となるのは、基本を学ぶことです。本書のような株式投資関連の本を読むことも、その1つです。記事の裏を読むのは真実を知るうえで大事です。**「一徹張りの貧乏神」**を避けるためです。

そして、株式投資に不可欠な相場用語、専門用語、株価が上がる理由、下がる理由などについても、最低限は知っておかなければなりません。

例えば、五十音順にいうと悪材料、移動平均かい離率、上ヒゲ（下ヒゲ）、売り方（買い方）、上放れ（下放れ）、追い証、押し目、株式分割、カラ売り、逆行高（逆行安）、材料出尽くし、ザラバ、塩漬け、時価総額、下値模索、上場来高値（上場来安値）、ストップ高（ストップ安）などがあります。

さらに、大発会、大納会、打診買い、ダマシ、突っ込み買い、ツレ高（ツレ安）、テーマ株、動意づく、騰落率、トレンド、ナンピン買い、配当利回り、半値戻し、日柄（調整）、吹き値売り、踏み上げ、ポートフォリオ、戻り高値、利乗せ、レンジ、ロス・カット、レーティングなどについても理解をしておいてほしいと思います。

もちろん、先の章で記したＰＥＲ（株価収益率）、ＰＢＲ（株価純資産倍率）、ＲＯＥ（自己資本利益率）といった指標などは、株価の割高・割安を判断するときに必要となります。

そして、新聞などの政治経済欄を中心に相場に影響を与えそうな記事を読み、市場関係者、識者の話をよく聞くことも成功の後押しとなります。

❖血と汗と涙を流す「投資の3流」

もう1つの投資の3流には、「血を流せ」「汗を流せ」「涙を流せ」という意味が込められています。血を流せとは、株式投資ではリスクを取らないと儲けることができない、

という意味です。

次の汗を流せとは、切磋琢磨《せっさたくま》して懸命に努力せよ、という意味です。株式投資による利益は不労所得の代表格のように見られがちですが、それはとんでもない間違いです。投資の世界では、努力する者が報われるのです。

たくさんの汗（冷や汗、脂汗を含む）をかいて銘柄を選別し、買いと売りのタイミングを適切に判断しなければ儲けることはできません。これは、株式投資の経験が長い人ほど痛感していることだと思います。

最後の涙を流せとは、おカネをなくして（投資資金が目減りして）涙を流す体験をしなさい、ということではありません。感謝する心です。〝感動の涙〟を流せ（豊かな感受性を持て）という意味です。

株式投資においては、旺盛な好奇心と豊かな感受性を持っていることが大切だといっているのです。

❖資金、商品、自分の性格を知る「投資の3性」

最低限の投資哲学・ノウハウの3番目、投資の3性とは、「資金の性格」「商品の性格」「自分の性格」を知ることです。

株式投資に使おうとしている資金が最悪、ゼロになってもいいような余裕資金なのか、絶対に減らすことの許されない〝命ガネ〟なのかによって、運用方法は違ってきます。これが資金の性格です。

また、投資を考えている商品（銘柄）の性格もつかんでおく必要があります。投資対象には換金性、信頼性、透明性が求められるのです。

将来性有望と考えた企業の株式を購入する場合でも、出来高が少なく換金性に難点があるもの、いくら成長分野に属していても企業としての信頼性に欠けるもの、事業・業績の見通しが不透明なものは投資不適格です。

もう1つ大事なことは、自分の性格を知ることです。せっかちですぐ結果を求めるタイプなのか、忍耐強くじっくり型なのかなどによって、投資スタンスが違ってくるからです。

一般的に、せっかちですぐ結果を求めるタイプの人は、デイトレードか株式の保有期間がせいぜい3日までの短期投資、忍耐強くじっくり型の人は中・長期投資に向いていると思います。

❖相場観測術、銘柄発掘術、売買術を身につける「投資の3術」

最低限の投資哲学・ノウハウの4番目は、投資の3術です。これはすなわち、相場観

測術・銘柄発掘術・売買術（投資手法）を身につけることです。

相場観測術で特に有効な方法は、前の章で述べたジャッジメンタル・アプローチです。コンスタントに利益をあげるにはファンダメンタルズ・アプローチ、テクニカル・アプローチも大切ですが、実際に売り買いを行なう際、冷静な判断をくだすには世の中の動きをつかむことが必要不可欠だからです。

たとえば筆者は、講演など地方の出張先では徒歩で行けるような近いところでも、かならずタクシーに乗ります。タクシーの運転手さんたちの声は、いつの時代も世相を反映しています。ここでは、地元の有力上場企業の情報を入手できることがあります。そのため、「どうですか、ご当地の企業は？」と聞くのです。

実際、「あの会社は忙しそうだね」との返事を頼りに、銘柄を発掘したことがあります。そして、これらをベースに自分なりの売買術（投資手法）を確立すればいいのです。

❖資力、智力、胆力がものをいう「投資の３力」

最低限の投資哲学・ノウハウの５番目は、投資の３力です。これは「資力、智力、胆力」のことです。筆者はこれまでの経験により、株式投資の極意は、突き詰めるとこの３つの力に集約されると考えています。つまり、最後にものをいうのは資力（カネ）、智力（知識）、胆力（精神力）なのです。

特に、第1章で検証したような暴落時の安値圏での買いには、この３つの力が必要不可欠となります。そう、肝要なのは**「リスクを取る勇気」**といわれています。

東日本大震災が発生した年、すなわち２０１１年の11月、メガバンクの**みずほフィナンシャルグループ（８４１１）**は、現在の株価に準じると９８０円まで売られました。これは２００６年４月の上場来高値１万３０００円に対し、実に90・５％も下落したことになります。当時、「これはいくら何でも安すぎる」と確信した筆者は、「川底の金貨を拾おうじゃないか」という独自のキャンペーンを展開、講演会などで底値圏での買いを推奨した経緯があります。

その後、同社株は2015年6月に2804円まで回復（980円に対する上昇率は186・1％）、2024年12月には3957円まで買われています。古来、**「嵐のときは動くな」**といいますが、これはチャンスの裏返しです。

また、コロナ禍に見舞われた2020年3月、380円まで売られた**三菱UFJフィナンシャル・グループ（8306）**、840円を割り込んだ**三井住友フィナンシャルグループ（8316）**の底値買いも推奨しました。かつての金融危機のときがそうであったように、メガバンクが倒産するはずがありません。

今でこそ、「メガバンクならどんな安値でも（倒産リスクが事実上ないため）、安心買いできたはず」などと思われがちですが、当時は「怖くてとても手を出せない」（市場関係者）といわれていました。いや、だからこそ、大きく売り込まれていたのです。

結局、この水準の買いに絶対的な自信を持てたのは、「資力、智力、胆力」の3力の裏付けがあったからです。

MUFG
三菱UFJフィナンシャル・グループ（8306）
1869円
（2024/12）
380円
（2020/3）
川底の金貨を拾いませんか
結局、最後は
資力、智力、胆力
なんですよね

三井住友フィナンシャルグループ(8316)の月足　(2017年1月〜2020年12月)

三井住友フィナンシャルグループ(8316)の月足　(2021年1月〜2024年12月)

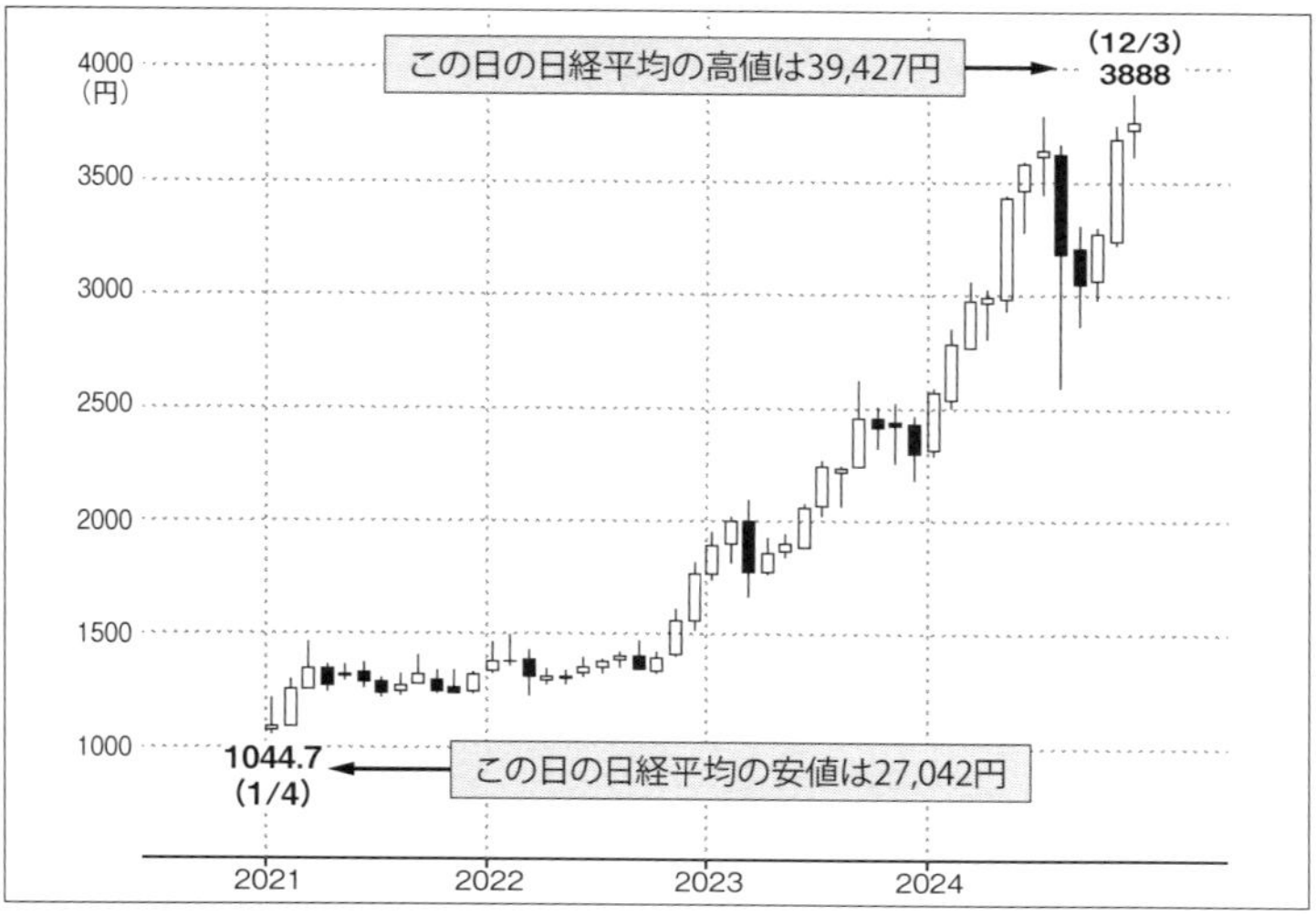

条件② 現状を正しく認識する

❖絶好調のときこそ、外部環境に細心の注意を払う

株式投資でコンスタントに利益をあげるには、現状を正しく認識することも大切となります。日本国内の景気、企業業績、政治動向などだけでなく、アメリカの景気、政治動向など外部環境をチェックする必要があります。２０２４年の秋は日本の総選挙、アメリカの大統領選挙がありました。その直後の株価変動を見ればお分かりのとおり、政治は経済を超えます。

中東情勢（地政学上のリスク）、為替（ドル・円相場）、金融政策（金利水準）なども重要項目です。ただし、現状を正しく認識するのは、近い将来どうなりそうなのかを予測するためです。なぜなら、株価は6カ月先、1年先の状況を織り込もうとして日々変動するからです。

また、現状を正しく認識するのは、リスクマネジメントを徹底させるためでもあります。マーケットに強気の声があふれ、相場が絶好調のときほど、外部環境に細心の注意を払わなければいけません。

これは、第1章で取り上げた幾多の大暴落劇を見ればよく分かることです。暴落（ショック安）は突然襲来しますが、その予兆はかならずあるものです。

❖行きすぎたドル高・円安が招いた株価急反落

２０２４年7月11日、日経平均株価は４万２４２６円まで駆け上がりました。これは、年初の３万３１９３円に対し、値幅で９２３３円、率にして27・８％もの値上がりです。マーケットでは、「日経平均株価5万円乗せが視野に入った」との超強気コメントも聞こえました。34年ぶりの高値圏です。

ただ、冷静になって現状を正しく認識してみれば、為替は１ドル１６１円台までドル高・円安が進行していました。物価高に悩む日本国内の消費者にとっては、望ましくない状況です。インフレは政権の支持率にダメージを与えます。

一方、この円安は、日本の観光地を闊歩《かっぽ》するインバウンドにとっては願ってもない状

況です。テレビのワイドショーでは、ランチで６０００円以上もする海鮮丼をおいしそうに食べる外国人観光客らの姿を放映していました。まさに、通貨（円）安効果です。しかし、その後、８月５日には日銀の金融政策の転換を受け、１ドル１４１円台とドル安円高が進み、日経平均株価も第１章で述べたように急落します。

先人は、**「高値圏での好材料出現は売り」**と教えています。「行きすぎた円安」は株価にとっては好材料でしたが、株価はその後、波乱商状に陥りました。円安阻止の金融当局の動きに加え、半導体セクターの急落にあって、日経平均株価は歴史的な暴落劇を演じたのです。

条件③ リスクマネジメントを徹底する

❖買い気が強すぎると相場は反転する

前項の投資の3流では、「肝要なのはリスクを取る勇気」（血を流せ）の大切さを述べました。これは株式投資で儲けるための必須条件なのですが、高値圏では逆に、リスクを取りに行くと、大ヤケド（大きな損失）を負うことがあります。注意が必要です。

古来、**「買い気が強すぎると相場は反転する」**ともいいます。日経平均株価が高値をつけた2024年の7月11日、寄与度の大きい構成銘柄の**ソフトバンクグループ（9984）**は、1万2180円まで買われました。

もちろん、これは年初来高値でしたが、驚かされたのは6月26日以降連続上昇（前日の終値を当日の終値が上回る）、12連騰となったことです。

同じ主力株（日経平均採用銘柄）の**伊藤忠商事（8001）**も同様に7月11日に82

▶ソフトバンクグループ（9984）の日足

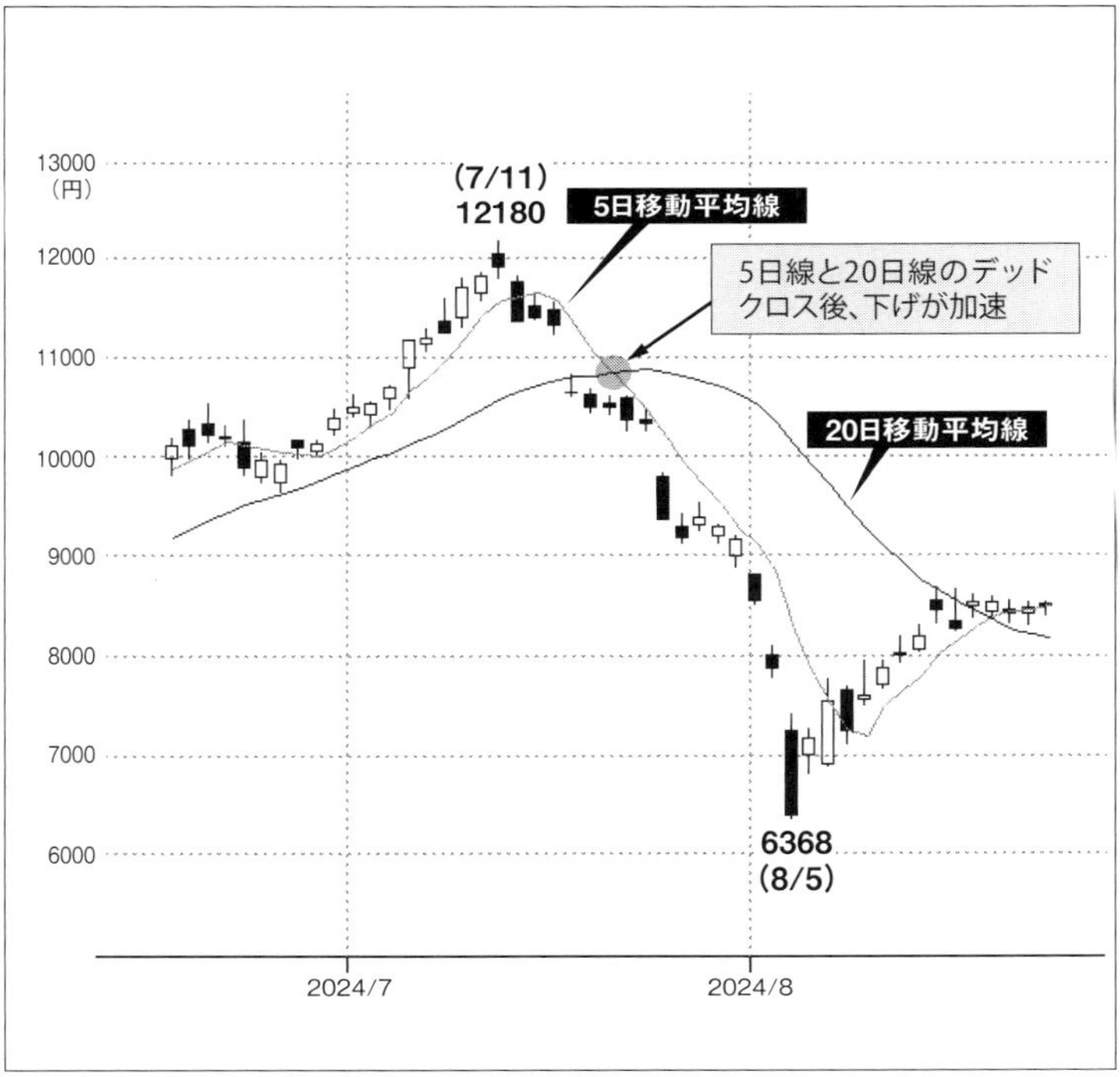

４５円でピークアウト、２０２４年12月時点でこの高値を抜いていません。**レーザーテック（６９２０）**など超値がさ株を使った先物主導の相場は危険です。この時点のソフトバンクグループは明らかに買い気が強すぎました。年初の６０４０円に対し、２倍強の急騰劇です。結局、相場は反転し、日銀ショックが起きた８月５日には６３６８円まで急落してしまいま

した。

年初来高値に対する下落率は47・7％に達しましたが、その実態は投機筋が先物を買いあおり、その後売りたたいたのです。

❖思惑がはずれたときの損切りは千両の価値がある

株式投資でコンスタントに利益をあげるためには、リスクマネジメントが必須です。投資（相場）の世界では、10戦10勝などというケースはまずあり得ません。よほどのプロ、達人でなければ半分は負けます。

このような思惑がはずれたとき（相場の世界では「曲がる」という）、必要となるのは早めのロス・カットです。すなわち、損切りを素早く敢行して損を少なくします。古来、**「利食いは遅く、損切りは早く」**というではありませんか。

そして、思惑どおりに相場が動いたときには、トコトン利幅を取ります。これを繰り返すことによって、総資産を殖やすようにするのです。株式投資では、個々の銘柄の勝ち負け（勝率）にこだわる必要はありません。

ロス・カットについては**「見切り千両」**という相場格言もよく知られています。もちろん、チャート解析（天井形成のパターン、出来高急減など）は欠かせません。
株式投資において、利益確定を意味する「利食い」は千人力となりますが、損失を確定させる「見切り」もまた、千両（現在の1億3千万円に相当との説あり）の価値があるのです。

❖自分なりの損切りルールを決め、忠実に実行する

ここでは損切りについて、もう少し具体的な話をしたいと思います。筆者は、株式投資を行なう際、自分なりのロス・カットルールを決めておき、それを忠実に実行することを提唱しています。それは、例えば「下落率５％まで」とか、「損失額10万円まで」などというものです。

「逆行が１割超えたなら迷わず決めよ、損切りのとき」という相場格言があります。これは、損失が1割（10％）を超えたら即座に損切りすべし、という意味です。ただ、これは信用取引のケースです。現物による長期投資はこの限りではありません。

例えば、１０００円で買った銘柄が意に反して1割値下がりしたとき（９００円）、迷うことなく損切りをします。

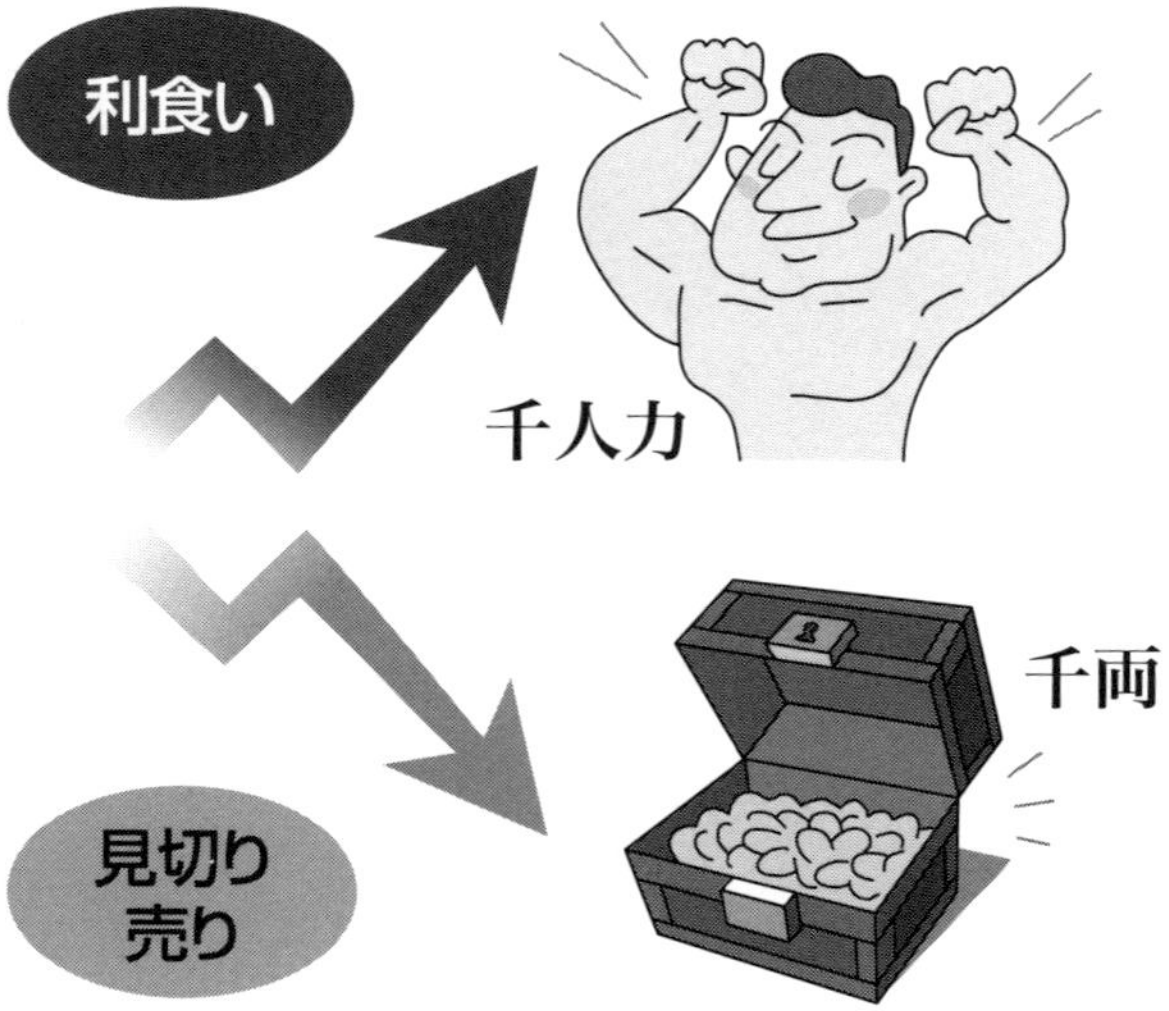

損切りラインは、別に1割でなくてもかまいません。短期のときには5%、長期のときには15%とするなど投資期間、投資資金に応じて設定するやり方もありますが、最初に決めたロス・カットラインは、かならず守らなければいけません。

特に、短期・順張りの場合、そのうち反発するだろうと甘く考えていると、想定外の損失をこうむる場合があります。

もっとも、**「利食い千人力」**の教えはここ数年のエヌビディア、**ディスコ（6146）**などの長期上昇相場では通用しませんでした。株価が10倍以上になろうとしているのに、わずか1～2割の利幅で利食っていては「もったいない」ではありませんか。

条件④ トレンドを重視する

❖投資スタンスに即したトレンドで売買する

株式投資において大切なのは、マーケットの風、トレンドを読み、行動することです。トレンドとは流れ、波のことです。水路です。水は水路に沿って流れます。その動き（波動）は相場の性格、物色の流れも示します。

具体的には、連続する高値・安値がその前の高値・安値を上回って推移する状態が「上昇トレンド」です。そして、逆に連続する高値・安値がその前の高値・安値を下回って推移する状態が「下降トレンド」となります。

厳密にいえば上昇トレンドとは、「短・中・長期の移動平均線がともに上昇し、時価がその上に位置している銘柄の値動き」のことです。

トレンドは上昇、下降にかかわらず、それぞれ短期トレンド、中期トレンド、長期トレンドに分けて判断することができます。

おおむね短期トレンドは、1～3週間程度波の動きが持続するトレンド、中期トレンドは、1～3カ月程度波の動きが持続するトレンド、長期トレンドは、6カ月～1年以上波の動きが持続するトレンドです。

実戦投資においては、投資期間（短期・中期・長期）、投資スタンスに応じたトレンドを選択し、売り買いの判断をしなければなりません。

❖続く流れに逆らうな。ついていくのが儲けの道

かつて世界的な映画監督として活躍したアルフレッド・ヒッチコックは、「株式市場に吹く風は常に変転極まりなし。よって予測するにあたわず」と語ったといわれています。

この言葉は、相場の難しさを嘆いた〝名セリフ〟だと思います。言い換えれば、**「変化に機敏に対応せよ」**、**「自説にこだわるな」**との教えとも受け取れます。もっとも、ヒッチコック自身は株式投資では失敗ばかりだったと伝えられ、数々のうらみ、つらみの言葉を残しています。

株式投資は、**「続く流れに逆らうな。ついていくのが儲けの道」**なのです。流れに逆ら

えば疲れるだけです。儲けることはできません。それどころか、トレンドに逆らえば〝破滅の道〟をたどることになるのです。短期・順張りは、上昇トレンドの銘柄にマトを絞ることが肝要なのではありませんか。

しかも、**「トレンドは継続する」**。これが定説です。多くの場合、上がり始めた相場はしばらく上がり続けます。逆に、下がり始めた相場はしばらく下がり続けます。だからこそ、**「下げの途中で買うな」**といわれるのです。

なお、「しばらく」とは、歌舞伎の世界では「ちょっとの間」のことですが、株式市場では決してこの流れに逆らってはいけません。数カ月、数年間、下げ続けること

があります。だからこそ、株式投資ではトレンドおよびその変化を見極めることが重要となるのです。古来、**「漁師は潮目を見る」**といいます。

下げ相場なのに意地になって買いを入れ続ければ、損が膨らむばかりです。往々にして「底だッ」と買ってみると、さらにストン、ストンと下げることがあります。これはトレンド、相場の方向が下を向いているのに、冷静さを失って買ってしまったことによる失敗です。需給悪を忘れています。

また、下げ相場での値ぼれの買いは厳禁です。底打ち→反騰のタイミングを待つ必要があります。古来、**「やられナンピン、スカンピン」**といわれます。**「落ちる短剣はつかむな」**が基本ではありませんか。

条件⑤ 株価の位置、水準、方向を知る

❖高値圏か底値圏か中段もみ合いか、株価の位置を確かめる

株式投資で失敗しないためには、個別銘柄の位置、水準、方向をしっかり確認しておくことも大切です。これは、前項のリスクマネジメントを徹底させることにもつながります。

決算においてサプライズの業績見通しが発表されたり、新製品開発、有力企業との提携などの好材料が報道されると、株価は急騰します。ただ、当該銘柄の位置、水準、方向を調べないまま飛びつき買いをすれば、大ケガ（大損）をしてしまいます。材料出尽くし、株価に織り込み済みのケースがあるのです。

まず、株価の位置はチャートを見て、現在それが高値圏にあるのか、底値圏にあるのか、中段でもみ合っているのかを確かめます。

117ページのチャートは、ファーストリテイリング（9983）の日足です。期間は上のチャートが2023年12月26日～2024年3月15日まで、下のチャートが2024年3月15日～同年5月31日までを示しています。

Ⓐは2023年12月26日～2024年5月31日までの安値（3万3950円）、Ⓑはその間の高値（4万8040円）、Ⓒは5月30日の安値（3万9140円）です。

Ⓒの株価の位置はどうでしょうか。計算すると、年初安値のⓐより5190円高く（3万9140円－3万3950円）、Ⓑの高値より8900円安い（4万8040円－3万9140円）ことが分かります。

同じくⒸの株価の水準はどうでしょうか。計算すると、年初安値のⒶより15・3％＝（3万9140円÷3万3950円）－1×100高く、Ⓑの高値より18・5％＝（3万9140円÷4万8040円）－1×100安いことが分かります。

そして、Ⓒの時点における株価の方向はほぼ横ばいで、1カ月間もみ合いを続けていることが分かります。もみ合いを上に放れると判断すれば、1回目の買い（打診買い）を入れてみるタイミングです。もっとも、この銘柄は日経平均株価の動きに連動します。いや、先物に引きずられる、といったほうがよさそうです。

▶ファーストリテイリング（9983）の日足　（2023年12月26日～2024年3月15日）

▶ファーストリテイリング（9983）の日足　（2024年3月15日～2024年5月31日）

❖時価が先の高値安値に対し、どの程度の水準かを調べる

株価のトレンドに即して投資する順張りの場合、株価の方向が上向きの銘柄がその対象となります。前述したように、順張りの場合、株価の方向が下向きの銘柄に手を出してはいけません。

セオリー的には、トレンドが横ばいの場合は様子見か、上放れに期待して打診買いをします。「横ばいトレンドは悪」ともいわれますが、これは株価が動意づくまで時間を要する（資金効率が悪い）ことが多いためです。

しかし、もみ合いが長く続いたケース（線状ラインという）では、いったん動き出すと大相場に発展することが多々あります。ウォール街には、**「線状ラインにビルが建つ」**との格言が存在します。

ファーストリテイリングは２０２４年5~6月、およそ2カ月にもおよぶ長いもみ合いを続けました。６月28日の終値４万５６０円は、５月２日の始値４万６３０円とほぼ同水準です。

また、４月１日につけた年初来高値４万８０４０円と比較すると、６月28日の終値４万５６０円は15・６％安い水準にあることが分かります。

この株価水準を知れば、年初来高値更新、あるいは接近を狙った買いを入れることができたのではないでしょうか。

実際、同社株のその後の推移をみると、およそ2カ月にもおよぶ長いもみ合いを経て、2024年7月11日には4万5340円まで反発しました。これは、6月28日の終値4万5560円に対し、11・8％もの短期急騰です。

なお、同社株は日銀ショックにより、同年8月5日に3万5140円まで売られましたが、10月15日には5万5310円まで買われています。

もちろん、これは上場来高値であり、日経平均株価をはるかに上回るパフォーマンスです。もっとも、この銘柄は前述したように、先物に振り回されるきらいがあり、単純な相場観は通用しません。

❖株価が上向きでも高値圏では材料出尽くしに注意する

株価の位置、水準とともに、その方向を知ることも大事です。これは、株価の水準を調べるときのような計算は必要ありません。

株価が上に向かっているのか、下に向かっているのか、横ばいかをチャートをよく見て判断します。

ちなみに、「株価の位置、水準、方向を知る」ことに関して、先人は数々の相場格言を残し、警鐘を鳴らしています。

条件②でも触れた好材料と株価位置については、「**高値圏では悪材料を探せ、なければ売れ**」と断じています。安値圏で出現する好材料は、下値リスクが少ないため安心買いをすることができますが、高値圏で好材料が出現すると、逆に「材料出尽くし」となって下げに転じることも多々あるのです。

このようなケースでは、たっぷり利が乗った中・長期投資家の利食いと、高値圏で勝負に出た短期筋（投機家）の投げ売りが重なり、想定外の急落につながることもあります。最近の投資家は順張りが主流です。このため、投げが投げを呼ぶことになります。

好材料が出たといって飛びつき買いをすると、大きな損失を食らうことがありますので、くれぐれも注意してください。特に、最近はストップ高が継続しないことが多いようです。

これについては、「**相場は高値圏では強く見え、安値圏では弱く見える**」という格言のほか、「**天井圏では喜びつのり、底値圏では恐怖が走る**」というものもあります。

当たり前の話ですが、だからこそ、「燃え盛る炎の先を見通す眼力」が必要となるのです。上がり続ける株価に喜びつのった素人は、炎のなかに突っ込んでいきます。しかし、このとき相場巧者は欲を抑え、静かに売り上がるのです。

「投資家の心理」を見事に言い表しているこれらの格言は、高値圏でうれしくてたまらないときは利食いを、安値圏で怖くて仕方がないときは勇気をふるって買いを考えなさい、と教えているのです。

相場格言は、リスクマネジメントの大切さをよく表しているものがたくさんあります。これらは先人の知恵と涙の結晶です。おろそかにはできません。

条件⑥

長期的な視野（投資プラン）を持つ

❖大勢観がなければ大きな利益は得られない

相場巧者は、**「時には遠くを見よ」**といいます。これは、目先の小さな出来事、株価の値動きに一喜一憂していては巨利は得られない、という戒めです。

実際、目先的な動きばかりを見ていると、大勢観が失われます。重要なのは長期的な視点です。大勢観、すなわち大きな流れをつかむことが大切です。

近年を振り返ると、世界的には新東西冷戦構造（ウクライナ戦争）、新産業革命（AIの本格普及）、新資本主義の台頭、地球温暖化対策などがあり、株式市場に大きな影響を与えました。この流れは変わっていません。

国内的には国の政策があります。これも大きな流れをつかむためには避けて通ることはできません。当然のことですが、国家があってこそ、企業も家庭生活も成り立っています。

株式投資においては、国策、すなわち国家の政策には素直に従うことです。古来、**「国策に逆らうな」**といわれています。国策に反する投資をして大きな利益をあげられるわけがありません。

❖大勢観をつかむためには政府当局の姿勢、国策を注視する

ここでは、大勢観と密接な関係のある国策、および当時の政権時の日経平均株価を検証してみたいと思います。

まず、古い（なつかしい）ところでは、日本国有鉄道、日本専売公社、日本電信電話の民営化を断行した中曾根康弘政権です。

中曽根内閣は、１９８２年11月27日〜１９８７年11月６日まで続きました（第１次〜第３次政権）。この間の日経平均株価は７８９８円〜２万２７９５円（ともに終値＝以下同じ）であり、上昇率は１８８・６％という好成績でした。長期政権は株高になるのです。

次は、郵政民営化、構造改革を推進した小泉純一郎内閣です。小泉内閣は２００１年

▶近年の長期政権内閣と日経平均株価の推移

首相 （氏名）	就任時 （日経平均）	退任時 （日経平均）	通算在職日数 （騰落率）
中曽根康弘	1982.11.27 （7,898円）	1987.11.6 （22,795円）	1,806日 （188.6%）
小泉純一郎	2001.4.26 （13,973円）	2006.9.26 （15,557円）	1,980日 （11.3%）
安倍晋三	2012.12.26 （10,230円）	2020.9.16 （23,475円）	2,822日 （129.5%）
岸田文雄	2021.10.4 （28,444円）	2024.10.1 （38,651円）	1,094日 （35.9%）

（出所）首相官邸ホームページ等を参考に編集部作成

（注）対象は、中曽根内閣以降の通算在職日数1,000日以上の内閣。
ただし、安倍内閣は第2次～第4次内閣までの期間で算出

4月26日～2006年9月26日まで続きました（第1次～第3次政権）。この間の日経平均株価は1万3973円～1万5557円で、上昇率は11・3％にとどまりました。当初の財政再建路線がイヤ気されたようです。

しかし、この間の高安を見てみると、2003年4月に7603円まで下げた安値が、2006年4月には1万7563円まで買われています。

ちなみに小泉内閣では、経済学者の竹中平蔵氏が内閣府特命担当大臣（金融・経済財政政策）などを拝命し、在職中に「ＥＴＦ（上場投資信託）を買えば絶対儲かる」と発言したことがありました。りそな銀行の処理では株主責任を問いませんでした。これは大きな成果です。

ＥＴＦに関してはメディアなどに批判されましたが、実際、そのとおりになりました。小泉政権も株高が国策だったのです。

❖株高は内閣支持率の底上げにつながる

安倍晋三内閣も小泉政権の株高政策（国策）を強く意識し、これを引き継ぎました。いや、それ以上の「日本再興戦略」です。株高は内閣支持率の底上げにつながりますが、その逆（株安）は内閣支持率を低下させます。

これは、２００９年9月16日～２０１２年12月26日まで国政を担った民主党政権の結果を見れば明らかです。民主党政権下ではデフレ、円高が進行したため株価が低迷しました。この期間の日経平均株価は、政権発足時の１万２７０円が退陣したときには１万２３０円でした。この間、安値は８１３５円までありました。円高・株安、デフレ進行では投資意欲は高まりません。

もちろん、これは不幸なことに、２０１１年3月に発生した東日本大震災の影響もありました。しかし、当時の民主党政権（鳩山由紀夫首相→菅直人首相→野田佳彦首相）は、株式市場に強い関心を寄せていないように感じられました。それに、首相が１年程度で交代するようでは株高は望めません。

２０１２年12月26日に再度発足した安倍晋三内閣は、第１次内閣（２００６年9月26日〜２００７年9月26日）の挫折体験も生かし、２０２０年9月16日まで政権を維持します。この長期政権を可能にしたのは、いわゆる「３本の矢」と呼ばれた政策（アベノミクス）でしょう。現在、アベノミクスの功罪が取り沙汰されていますが、当時はこれにより脱デフレ、円高是正の方向性が明確となり、株高が国策となったのです。

実際、安倍第2次政権〜第４次政権の日経平均株価は、１万２３０円（就任時）が２万３４７５円（退任時）と2倍以上（１２９・５％）値上がりしています。

何度も述べますが、**「政治は経済に優先する」**といわれます。長期的な視野（投資プラン）を持つためには、政治の動向、国策に強い関心を持ち、それがどう株価に影響をおよぼすのか、常にイメージしておかなければなりません。

条件⑦ 儲けよう儲けようとの心を捨てる

大きく儲けたい、常に儲けたい、との心（煩悩《ぼんのう》）を消すのが成功の秘訣です。

❖欲に限りなし、地獄に底なし

「欲に限りなし、地獄に底なし」といいます。大きく儲けたい、常に儲けたい、との心（煩悩《ぼんのう》）を消すのが成功の秘訣です。

繰り返しになりますが、株式投資「勝ち方の本質」は、コンスタントに利益をあげることにあります。しかし、「10戦10勝を目指せ」と極端なことをいっているのではありません。想定外のことが起きる株式市場において、勝率１００％はどんな天才でもあり得ません。損は小さく、利は大きくすることを肝に銘じ、総資産を少しずつ、着実に増やしていくのです。

日々努力すれば、利益は向こうからやってくるのです。要するに、相場道の極意を身につけるのです。決してあせってはいけません。

❖どんな人気株にも株価には〝限界点〟がある

また、株式投資に無理は禁物です。どのような好材料が出現しても、株価は思うように上がってくれません。どのようなケースにも〝限界点〟があるのです。

好材料を内包したテーマ株のなかには、買いが買いを呼ぶような形で上げ続けるものがあります。しかし、いかに「理外の理」とはいえ、どこかで限界点を見極める必要があります。

ただ、問題は「もう、これ以上、上がるのは無理だな」と頭では思っていても、心のなかの欲がその考えを否定してしまうことがよくあることです。

しばらくすると、株価はあっという間に急落してしまいます。せっかくの大幅利食いがパーになり、最悪の場合には損失を抱え込むことになります。2000年のITバブルのピークがそうだったではありませんか。

三越伊勢丹ホールディングス（3099）は、2024年に1534円でスタートしました。年初の安値1511円もその当日（1月4日＝大発会の日）につけ、その後はひたすら高値を追う展開となりました。コロナ禍克服、インバウンドの活況が株価を支えています。

▶三越伊勢丹ホールディングス（3099）の週足

もちろん、高値を更新するごとに押し目は入りましたが、あれよあれよという間に7月11日には３６７４円まで買われました。これは年初の１５３４円に対し、２・４倍となったことを意味します。

しかし、その後は下げトレンドとなり、８月５日には１９４８円まで売られてしまいました。相場巧者は、**「相場では限界を知り得た者が勝ち残**

り、無理を承知の夢は破れる」と述べています。

限界を知り得た人（投資家）は、7～8合目あたりで着実に利食いを入れたのではないでしょうか。そのような場合、「もう少しガマンしていればよかったな」と悔やまないことです。十分な利益を得たのです。それを自分でほめ、次の勝負（投資）に生かせばよいのです。もちろん、三越伊勢丹ホールディングスの相場は完全に終わったわけではありません。

❖またあると思う心のあさましさ、奇跡は一生に一度と思え

もう1つ、投資した銘柄が大化けしたとします。運よく儲けたその人（投資家）は、有頂天になってまた同じようなことが起きるだろうと考えます。

しかし、これは「あさましい」というものです。相場格言には、**「またあると思う心のあさましさ、奇跡は一生に一度と思え」**とあります。

大儲けしたときには、「奇跡は一生に一度」と思う謙虚な心が大切です。それがコンスタントに利益をあげるという、株式投資「勝ち方の本質」につながるのです。ビギナーズラックは、そうたびたびはありません。

▶ローツェ(6323)の週足

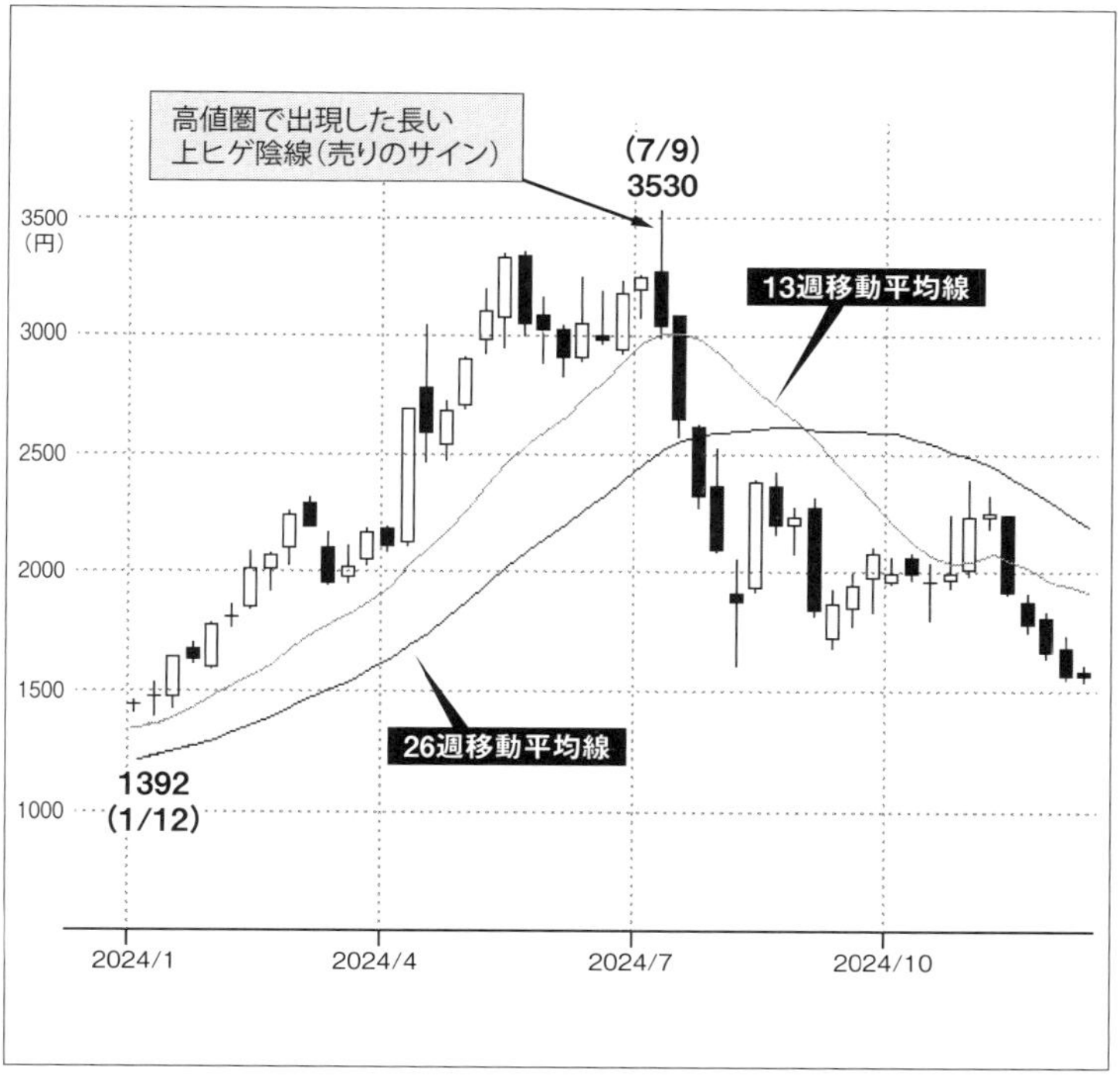

半導体関連装置が主力の**ローツェ（６３２３）**は、２０２４年の始値１４３７円が７月９日に３５３０円まで上昇しました。実に、２・５倍まで買われたことになります。

しかし、株価はその後下げに転じ、１５００円前後で推移しています。安値圏で購入し、高値圏で利食えた人は、このような奇跡は一生に一度と肝に銘じて、深追いはしないことです。

条件⑧

短期は順張り、長期は逆張り

❖短期・順張り投資は高値追い銘柄の押し目買いが奏功する

かならずしも厳格に区別しているわけではありませんが、株式投資で成功するための戦術として、筆者は投資期間が短い場合は順張り、投資期間が長い場合は逆張りを推奨しています。

短期投資ではひたすら値動きを注視し、それを追いかける順張りを行ないます。順張りパターンの銘柄とは、前にも指摘しているように短期・中期・長期の移動平均線がともに上昇中、かつ短期移動平均線が中・長期移動平均線を上回っている状態を指します。

このとき株価は移動平均線の上に位置しているのが理想的ですが、多くのケースでは、株価が短期、および中期移動平均線を一瞬割り込みます。そんな局面は押し目買いで成功します。このような強い銘柄は、押し目を入れながら新値を追います。チャートは右

▶フジクラ（5803）の週足

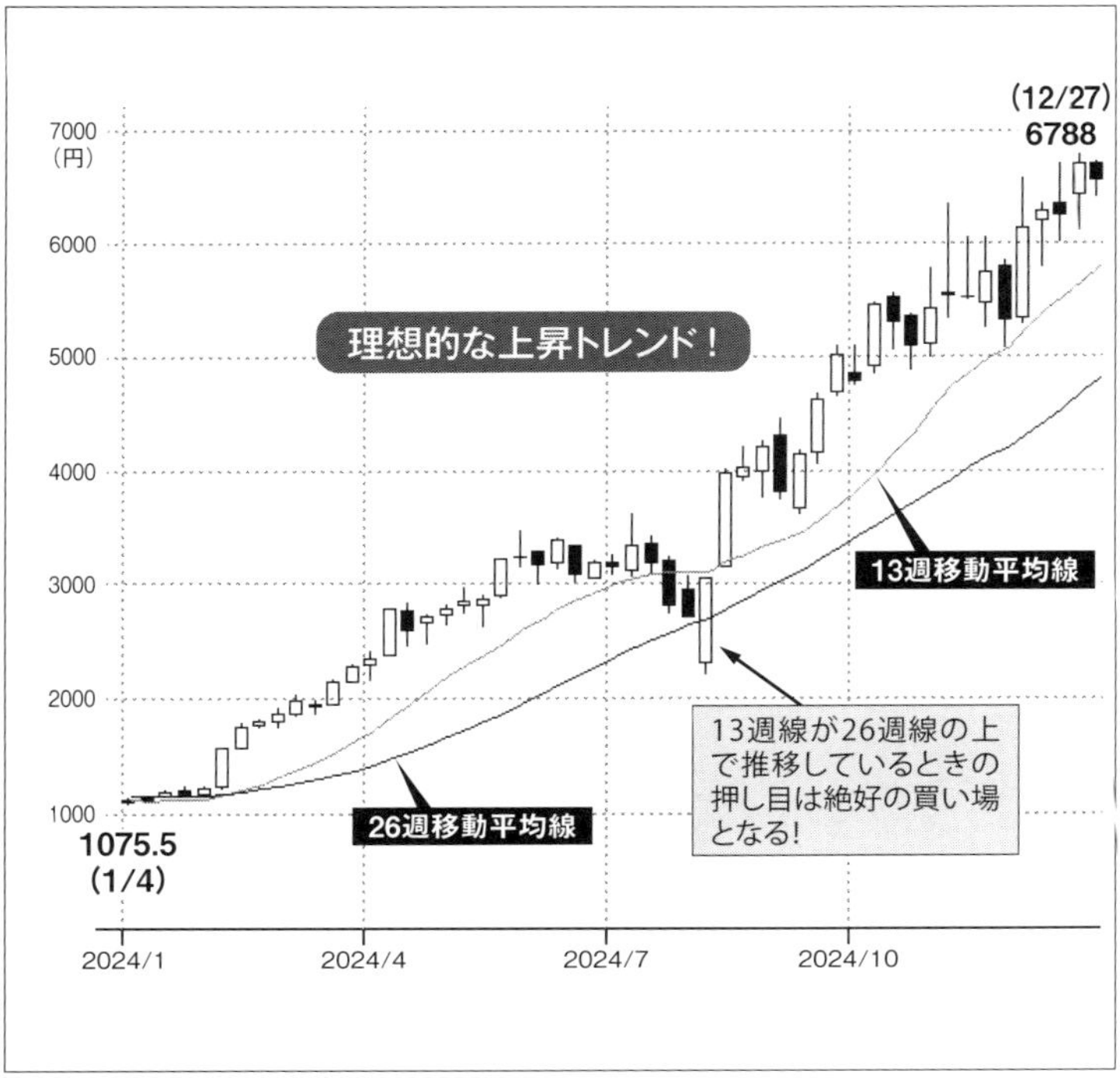

肩上がりで、高値切り上げ型となります。

株価の強さは、好業績・好需給に加え、テーマ性を内包していることを示しています。すなわち、ファンダメンタルズ・アプローチとテクニカル・アプローチの両方の条件に合致した銘柄といえます。

チャートは電線大手の**フジクラ（５８０３）**の週足ですが、理想的な右肩上がりのパターンとなっています。13週移動平均線が26週移動平均線の上で推移し、押し目を形成しながら上値を切り上げています。

２００４年は、年初の１０９２円が12月27日には６７８８円まで買われました。６倍以上の値上がりですが、短期投資では安値で仕込んだ株式を持ち続けなくてもかまいません。短期・順張りは、このような銘柄の押し目を買い、前の高値を抜いたところで手仕舞い（利益確定）します。トレンドが下げに転じるまで、そうしたトレードを何度も繰り返し、利益を積み重ねるのです。

❖長期・逆張り投資では高配当利回り銘柄などの安値拾いが奏功する

本章の条件④で、トレンドを重視することの大切さについて述べましたが、短期・順張り投資とは異なり、長期・逆張り投資では値動きをひたすら追いかけるようなことはしません。

短期・中期・長期の移動平均線がともに下降中、かつ短期移動平均線が中・長期移動平均線を下回っている状態でも、将来性が有望な事業を展開していたり、増配を続けているような銘柄（高配当利回り銘柄）であれば、安値を丹念に拾います。

▶世紀東急工業（1898）の月足

一方、どんなに将来性が有望といわれ、前期ベースの配当利回りが高い銘柄でも、安値を更新し続けているようなケースは、投資の対象外です。これらは長期的に見ても本格反騰の可能性が低い銘柄といえます。要するに、**「株価は正しい」**のです。

世紀東急工業（1898）は、東急電鉄系の道路舗装大手です。**東急建設**（1720）が発行済み株式数の23・8%を保有しています。時価総額は600億円規模にすぎませんが、業績好調、2025年3月期は純利益が35%増益の37億円となる見込みです。

年間配当は90円を継続中であり、直近株価1515円の配当利回りは6%近くあります。3月末、9月末の配当取りが終わると、株価は下落に転じます。配当分以上に下げるのです。

長期・逆張りでは下落後、安くなったところを拾うのが常道です。したがって、このような下値模索の展開は想定どおり、「喜ばしいこと」と考えます。

同社株の場合、時間をある程度要しても、直近高値の2042円奪回の可能性があると判断できれば、長期・逆張りに踏み切れるのではないでしょうか。

❖大波も小波もすべて逆張り、商いは急ぐべからず

ここまで、「短気は順張り」「長期は逆張り」という筆者の持論を述べてきました。ただし、相場がボックスゾーンでもみ合いを続けているときには、短期、長期にかかわらず、**「大波も小波もすべて逆張り」**の投資戦術が不可欠となります。

ボックス相場、すなわち往来相場ではトレンドが発生しません。このようなケースで

順張り投資をしたら、大ヤラレです。

例えば、ボックスの上限が1000円、下限が800円の銘柄があったとします。この場合、1000円に近づけば売り、800円に接近すれば買いです。もみ合い放れとなるまでは、徹底した逆張り、小すくいで臨むことです。ただし、ボックス相場はいずれどちらかに放れます。下に放れたら悲劇です。

ちなみに、小すくいとは小さな値幅取りを狙った投資手法のことです。これには小さな利益を「すくい取る」という意味があり、「小すくい商い」とも呼ばれます。チリも積もれば山となる、といったところでしょう。

小すくいでは、あせらないことです。結果（小さな利益）を求めるあまり、買い急ぐとヤラレ玉（評価損のある銘柄）を抱えることになります。したがって、このケースでは株価900円のときは様子見となります。だからこそ、**「横ばいトレンドは悪」**といわれるのではないでしょうか。

もちろん、1000円のフシ目を突破すれば攻め（順張りの買い）に転換、800円を下に抜ければ売りです。要するに、ボックス相場が終了したと判断すれば、小すくい戦法も終わりとなります。基本形は**「放れたほうにつく」**ことです。

COLUMN 03

すっかり貧乏になった日本＆日本国民
（改めて、資産運用の重要性を痛感）

いや～、すっかり貧乏になったものだ、と思います。日本、および日本国民のことです。これは「失われた30年」（デフレ経済）のツケだけではありません。何しろ、2023年3月開催のWBC（ワールド・ベースボール・クラシック）では日本が優勝しましたが、その報奨金（ベンチ入りメンバー1人当たり）は、600万円でした。これに対し、2024年11月開催のWBSCプレミア12で優勝した台湾選手には700万台湾ドル（3310万円）、アメリカ大リーグ優勝のドジャースの選手には47万7440ドル（7400万円）が贈られています。

この差はまさに、支払い能力です。さらに、2024年末にはビックリするようなニュースが飛び込んできました。マサチューセッツ工科大学が、条件を満たせば2025年秋の新学期から学費（900万円）を免除する、というものです。

その条件とは？　それは驚くことに「出身世帯の年収が20万ドル（約3100万円）以下」というもの。外国人も対象だそうです。日本人の場合、ほとんどこの条件をクリアするのではありませんか。いやはや、それだけ日米の所得格差が広がっている、という事実でしょう。さらに、出身世帯の年収が10万ドル（約1500万円）以下の学生には学費の免除に加え、住居費、食費、教科書代を与え、小遣いもくれるそうです。いや～、これはマサチューセッツ工科大学に行かねばなりません。

現状、日米の金融資産、株式市場のスケールなど取り返しのつかない状況に陥っています。やはり、投資の重要性を痛感します。

◀第4章▶

短期投資の極意と注意点

短期・順張り投資で狙いたい急騰銘柄と新高値銘柄

❖急騰銘柄の初押し買いは成功率が高い

第3章の「株式投資で成功するための8条件」の1つとして、短期は順張り、長期は逆張りについて述べました。ただし、最近は長期も順張りのほうが有効です。すなわち、基本は強い銘柄を攻めることです。

その点を踏まえ、第4章と第5章ではこれまでの経験に基づき、実戦編としてもう少し詳しく、それぞれの極意と注意点について解説してみたいと思います。

まず、短期・順張りの極意の第1は、**「初押しは買い」**という点です。132〜134ページでも高値追いの銘柄の押し目買いに触れていますが、順張りパターンの銘柄が急騰したあとの一服場面は、絶好の最初の仕込みの好機となります。

どんな急騰銘柄でも、かならず利食い売りが出ます。しかし、多くの場合、急騰した

銘柄にはまだ上昇エネルギーが残っています。利食い売りで押されたところ（安くなったところ）を起点に、再度切り返す可能性が高いのです。

急騰銘柄は、このたとえがふさわしいかどうか分かりませんが、台風によく似ていると思います。台風はご存じのとおり海水をエネルギー源にして勢力を維持します。そして、海水温が低くなるとそのエネルギーは衰えますが、海水温が高いエリアに入ると、勢力を一気に拡大させます。

急騰銘柄も利食い売りが出るといったん値を下げますが、時間の経過とともに再度、買い方のエネルギーが優勢となり、売り方の投げ（踏み上げ）を呼び込んで一段高となるのです。

一段高となったところで買いを入れれば、目先筋（短期狙いの投資家）の利食い売りに巻き込まれて損失を抱え込む危険性があります。また首尾よく上昇を続けても、利幅は限られてしまいます。したがって、85～86ページで取り上げた**ラウンドワン（4680）**のような急騰銘柄に関しては、初押し場面をすかさず拾うことです。これは、順張り投資の基本中の基本となります。

❖青空圏を疾駆する新高値銘柄は絶好のターゲット

新高値銘柄を狙うことは、順張り投資の基本中の基本の1つです。新高値銘柄、すなわち高値を更新する銘柄にはそれだけの理由と買いのエネルギーがあります。

特に、上場来の高値銘柄は、「青空圏を疾駆！」などと形容されます。もちろん、どのような銘柄もいずれ天井を形成することになりますが、上値追いの勢いが止まらないうちは、徹底して短期・順張り買いの姿勢で臨むことです。決して弱気になってはいけません。

チャートは**タカラトミー（7867）**の週足です。同社株は2024年の1月12日、

▶タカラトミー（7867）の週足

それまでの上場来高値2432円を終値で上回りました（2452円）。材料は好業績プラス、テーマ性です。

その後、理想的ともいえる押し目を形成しながら、2917・5円（3月25日）→3136円（6月13日）→3452円（7月31日）と高値を更新し続けました。2024年の出世株の1つになっています。

短期・順張りで新高値

銘柄を狙う場合、直近の高値を上抜いた日の終値で買うか、翌営業日に様子を見て買います。チャートを見ると、2024年8月30日に先の高値3452円を上抜いていることが分かります。

翌営業日の9月2日には、終値で3394円まで下げています。ここは前項で述べた初押し場面です。8月30日に買っていなければ、ここはセオリーを信じて仕掛けるところでしょう。

実際、同社株は2024年11月12日に4459円まで駆け上がりました。9月2日の終値3394円に対し、31・4％の値上がりです。

同様に、強い銘柄（2024年11月時点）には、**三機工業（1961）**、**スターティアホールディングス（3393）**、**テルモ（4543）**、**住友電気工業（5802）**、**三和ホールディングス（5929）**、**リクルートホールディングス（6098）**、**フジテック（6406）**などがあります。

リクルートホールディングスは、2024年の始値5910円が2月7日に5622円まで売られました。しかし、その後は4月8日の6976円→6月4日の8343円→7月10日の9550円と高値を更新しました。強いですね。

▶リクルートホールディングス(6098)の週足

日銀ショックの余波を受けた8月5日には6807円と急落しましたが、その後は再び上値追いの展開となります。11月12日の1万750円を経て、12月12日には1万1895円まで買われました。2024年は、押し目買い→高値売りのチャンスが何度もありました。まさに、短期投資の醍醐味を味わえた銘柄といえるでしょう。上昇トレンドは崩れていません。

❖強い銘柄が中期移動平均線を割り込めば絶好の買い場となる

短期投資を得意とする相場巧者は、**「順張りパターンの銘柄にマトを絞れ」**と教えていますが、短期投資の実戦では、このような強い銘柄の押し目を狙うことが勝利の方程式となります。この場合の押し目とは、順張りパターンの銘柄の株価が中期移動平均線に接近するか、少し割り込んだ場面のことをいいます。

カテーテルなどで知られる医療機器大手、**テルモ（４５４３）**の日足チャートを見ると、Ⓐの時点で短期移動平均線である5日移動平均線が中期移動平均線である20日移動平均線を上回り（ゴールデンクロス）、理想的な順張りパターンとなっています。

株価は、定石どおり順調に上値を切り上げましたが、その後は押し目形成の動きとなり、Ⓑのところでザラバ中に株価が20日移動平均線を割り込みました。さらに、Ⓒのところでは終値でも20日移動平均線を割り込んでいます。

この日のローソク足は陰線引けであり、ザラバ安値は２８５４・５円までありました。しかし、移動平均線を見ると、５日移動平均線は20日移動平均線より上にあります。

したがって、まだ順張りパターンは崩れておらず、この安値は押し目買いの好機と判断できます。実際、同社株はその後３１８２円（同年11月12日）まで買われました。

▶テルモ（4543）の日足

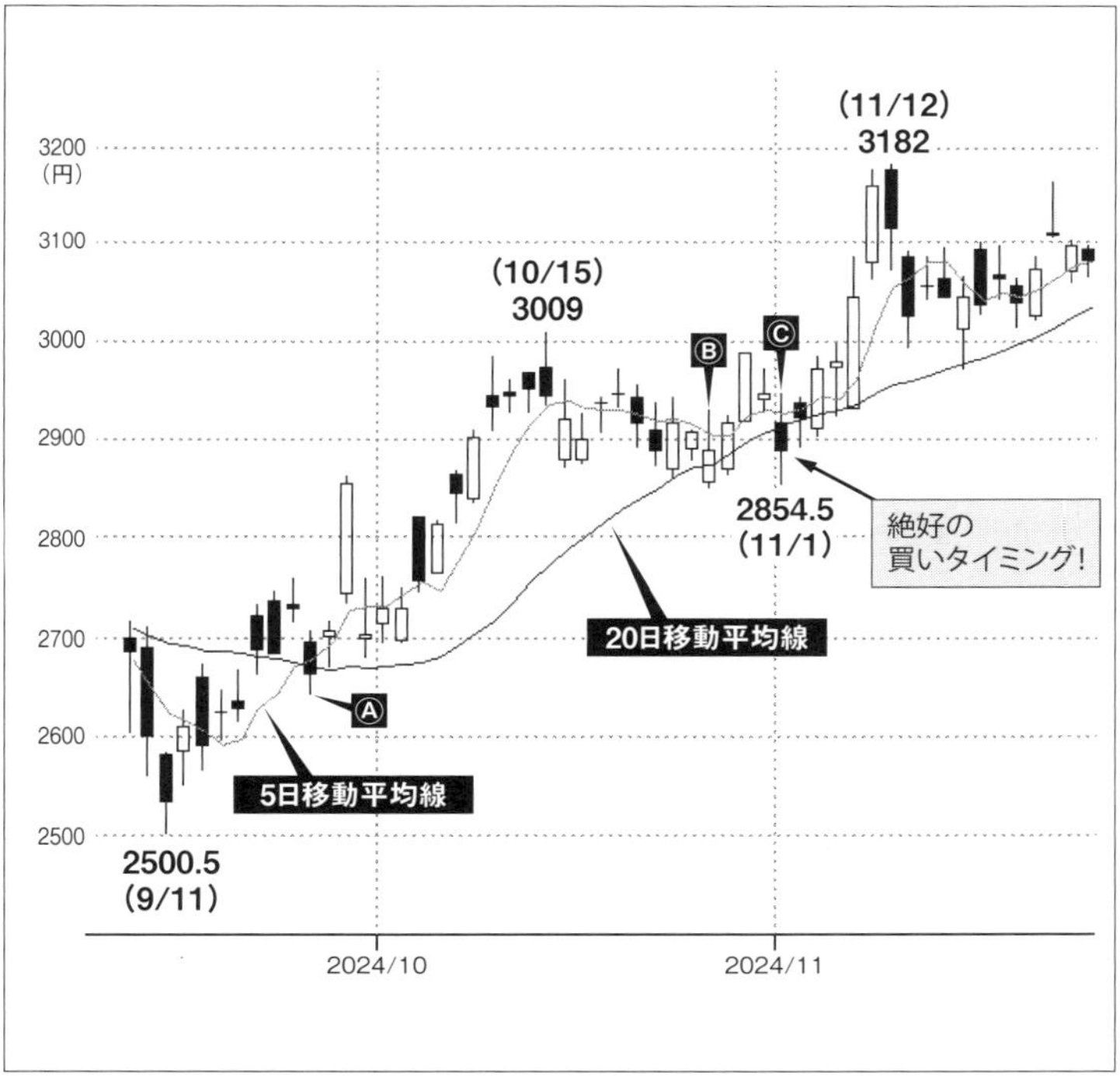

短期投資の場合、この高値は文句なしの売り場となります。仮に11月１日の終値２８８６・５円で仕込み、同月12日の始値３１７６円で手仕舞い（売却）した場合、値幅２８９・５円を取れたことになります。１００株購入の場合２万８９５０円（２８９・５円×１００株）、５００株購入なら14万４７５０円（２８９・５円×５００株）の利益となる計算です。

❖持ち合い後、上に大きく放れた銘柄も短期投資の対象となる

短期投資では、押し目を形成しながら高値を更新し続ける強い銘柄だけでなく、「持ち合い銘柄」もその対象となり得ます。小幅な値動きが続くことを「持ち合い相場」といいますが、多くの場合、いずれどちらかに放れます。**「持ち合い放れにつけ」**という相場格言は、これが大きく儲ける絶好の好機となることを示しています。

設備工事大手の**三機工業（1961）**は、2024年の9月末以降、1カ月以上2400円をはさんだ持ち合い相場が続いていました。しかし、Ⓐの日足をよく見ると高値と終値が同値（2503円）になっていることが分かります。

このローソク足は「陽の大引け坊主」と呼ばれ、先高を予兆する非常に強い形です。しかも、この日の移動平均線は5日線が20日線を上回るゴールデンクロスを示現しています。これは、長期にわたり続いた持ち合い相場が終了したサインといえます。

実際、翌営業日（11月11日）は、前日比25円高の2528円で始まり、これより356円も高い2884円で引けました。絵に描いたような持ち合い放れ、長大陽線の出現です。その後、同社株はⒷのところまで調整しましたが、その後、再び大きく放れ、12月23日には3260円まで買われています。

▶三機工業（1961）の日足

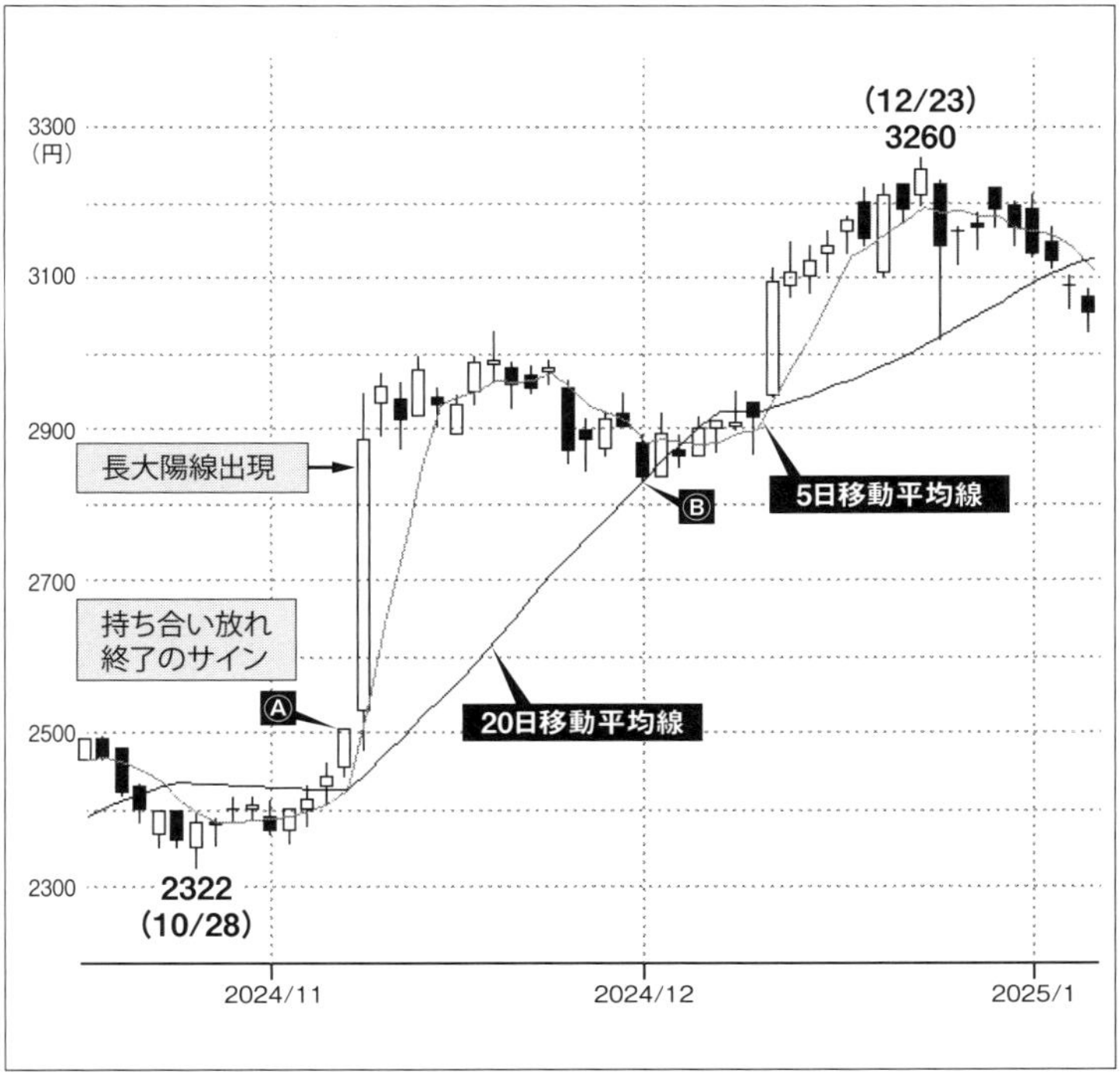

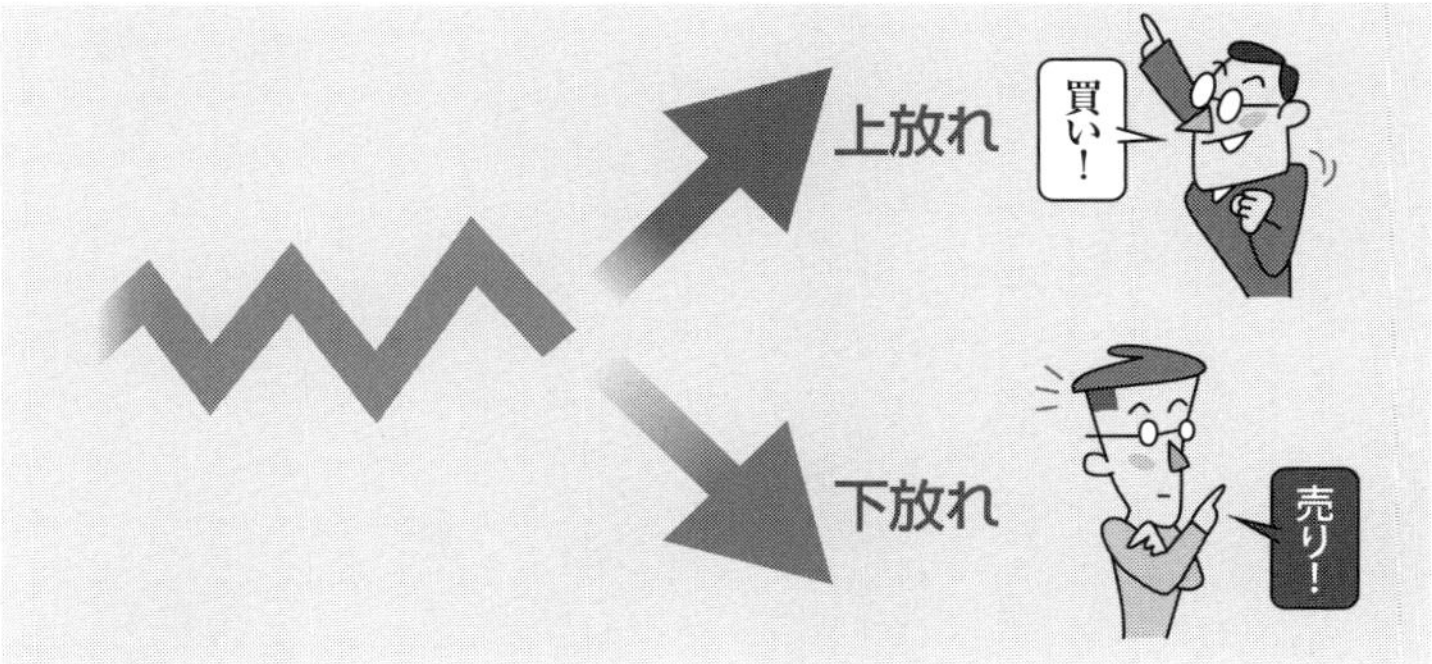

短期・順張り投資では高値圏での売り上がり投資資金に余裕を持たせることが肝要

❖買い増しは有効も安易な利乗せは厳禁

上昇を続ける銘柄には買い増し、すなわち追加買いが有効です。ただし、この場合、追加買いする玉（株式数）を増やしていくのではなく、減らしていくことが肝要です。例えば、500円で4000株購入した銘柄があったとします。その後も株価が順調に上昇した場合、550円で3000株、600円で2000株、650円で1000株というように買い増しをします。このケースでの平均購入コストは550円、保有株式数は1万株となりますが、これが買い増しをしていくときの鉄則です。

くれぐれも買い増しの玉を多くしていってはダメです。追撃買いは有効ですが、もし、550円で5000株、600円で6000株、650円で7000株というように買い増しをしていけば、平均購入コストは約586円に上がってしまい、保有株式数は2

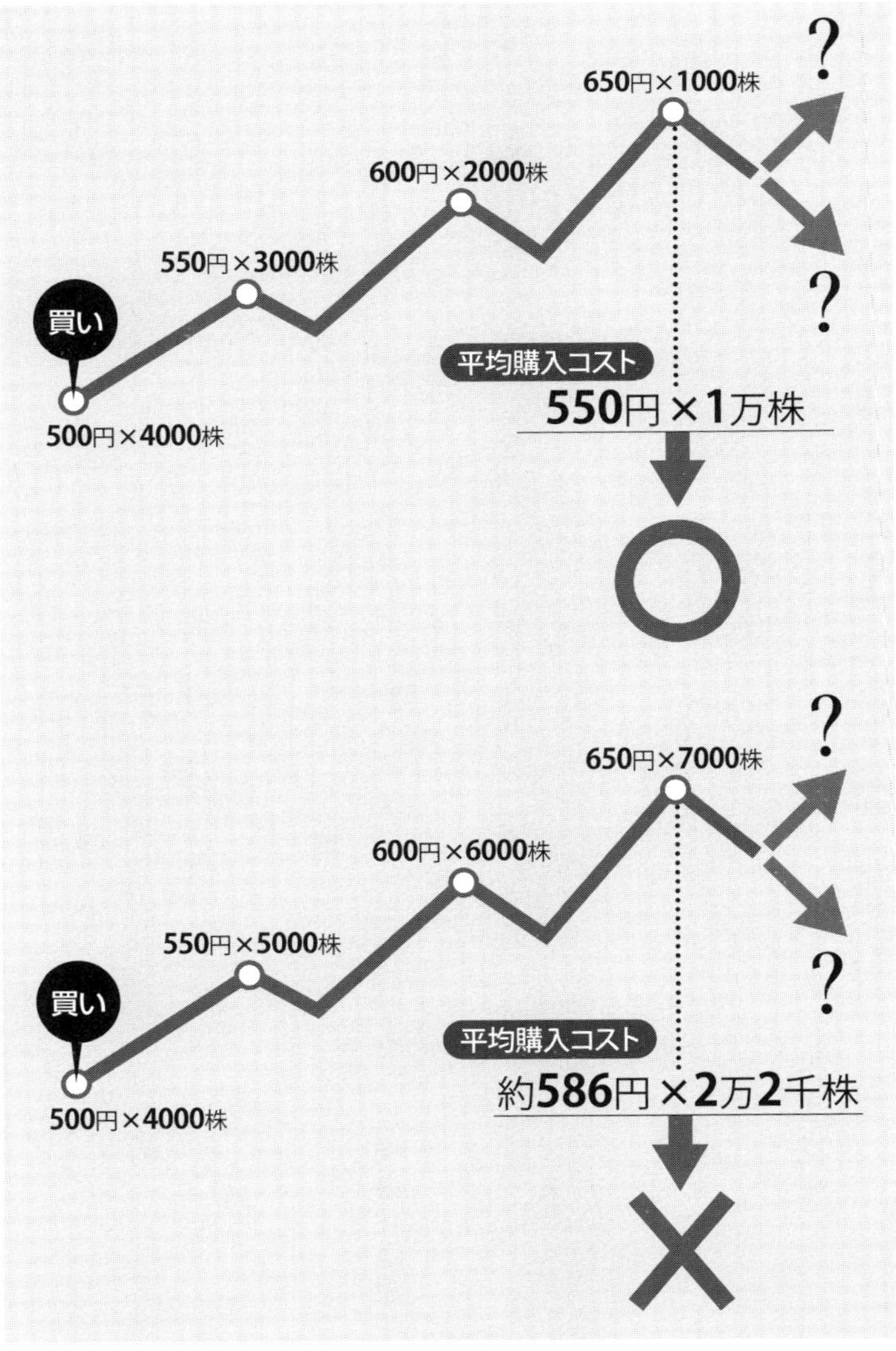

買い
500円×4000株
550円×3000株
600円×2000株
650円×1000株
?
?
平均購入コスト
550円×1万株
○
買い
500円×4000株
550円×5000株
600円×6000株
650円×7000株
?
?
平均購入コスト
約586円×2万2千株
×

万2000株となります。

その後、株価が下げに転じ、550円になってしまえばどうでしょう。（550円－586円）×2万2000株＝マイナス79万2000円となり、平均購入コストが上がったせいで、このポートフォリオは、80万円近い損失をこうむることになってしまいます。原則は買い下がり、売り上がりなのです。

短期・順張りは、成功率の高い投資手法です。王道といってよいかもしれません。しかし、**「順張りは王道なれど、欲かいて利乗せで上げる平均値かな」**、**「利乗せは最後にやられる」**という相場格言もあります。

これらは、投資家が上値を切り上げ続ける相場に酔いしれて欲のかたまりとなり、せっかくの利益が突然の押し（急落）で、マイナス（赤字）に転じてしまうことを戒めたものです。

繰り返しになりますが、短期・順張りのセオリーは上昇パターン銘柄の押し目を丹念に拾い、高値圏では売り上がる作戦が有効となります。

相場は恐ろしいものです。先人は先に述べたように、**「燃え盛る炎の先が見えるか」**と諭していますが、人々はその炎の中に突っ込んでいくのです。

❖信用取引のフルレバレッジ状態は破滅への道

短期・順張りの注意点として、もう1つ聞いていただきたいことがあります。短期・順張りでは信用取引を行なう人が多いと推察しますが、信用取引では絶対に、証拠金の限度いっぱいまで保有株数を増やしてはいけません。

このようなフルレバレッジ状態にすると、相場が思惑を外れて反転した場合、追証がかかってしまいます。追証とは追加保証金のことですが、信用取引で担保にしている株式の損失によって委託保証金率を割り込むと発生します。

先人はこのような状況に対し、**「証拠金満額までの玉建てて、夢見て歩む破滅への道」**と戒めています。追証の発生は、勝負に負けたことを意味します。意地を張ってはいけません。

要は、どんなに「チャンス到来」と思っても、おカネ（投資資金）を出し切ってしまわないことです。タコ揚げの糸を出し切ってしまえば、肝心のタコを操ることができなくなってしまいます。

いつなんどき嵐が吹くかも分かりません。すなわち、絶好調の相場は続かないのです。順風満帆ばかりでないことを、相場の世界では**「花に嵐、月にむら雲」**と称します。これがリスク・マネジメントの基本です。

実際の話、相場の世界、投資の世界では突然、何が起きるか想像がつかないのです。それは、第1章で述べた数々の暴落劇が如実に示しています。ショック安とは「予期せぬ出来事」というではありませんか。

短期・順張りでは、多くの投資家ができるだけ短い間に利益を得ようとします。もちろん、それが目的でありましいことなのですが、腹8分目、余裕を持っていないと結果はついてきません。

投資資金に余裕を持たせておけば、嵐が吹いた（株価急落）ときに追証がかかっても対処できますし、突っ込み買いを入れることも可能となるのです。もっとも、前述したように、勝負がついた見込みのない銘柄に追証を入れて頑張っても、成果は少ないものです。

それに、信用取引を期日（最近は3カ月、6カ月のほか無期限信用などがある）いっぱいに引っ張ってはいけません。金利がかさむばかりですし、第一、それで「儲かった」という報告は聞いたことがありません。先人は、**「ぬかるなよ。見切り肝心、意地張るな」**と戒めています。

ヒエ〜
コ、コントロール
できないよ〜

COLUMN 04

2割益出し、10割半分手放し法
(「蓄財の神様」本多静六先生の教え)

筆者が師とあおぐ本多静六先生(1866 ～ 1952 年)は、明治神宮の森、日比谷公園の設計・造成などで知られる日本初の林学者であり、歴史に残る相場巧者です。25 歳のときに株式投資を始め、資産ゼロを 15 年後には金融資産 300 億円に増やし、埼玉県秩父の山林 7,000 ヘクタールを所有した、といわれています。

意外なことに先生は信用取引をやっていました。いや、信用取引が売買の中心だったのです。

ただし、信用取引を行なう際には証拠金に加え、買い付け代金の満額分の現金を用意していたといわれています。

それならば信用取引など行わず現物取引でよいではないか、と思われるでしょうが、先生は信用取引にスリルを求めただけでなく、緊張感をもって投資に向き合っていたのだと思います。

先生の相場哲学「2 割益出し、10 割半分手放し法」は、信用取引でこそ実現できるものです。どういうことでしょうか。

この手法は先生の著書を読んでも詳しく解説されていません。ただ、筆者が思うに、これは信用建ての銘柄が 2 割上昇したら「確実に利食いなさい」、値上がりしなかった銘柄は現引き(現金を充当)し、現物銘柄として「長期保有に切り替えなさい」ということだと思います。

長期保有の銘柄が 2 倍になった場合、「半分を売り、コストゼロとなった残りの株式は大天井を打つまで持ち続ける」。これが「2 割益出し、10 割半分手放し法」の極意なのです。

◀第5章▶

長期投資の極意と注意点

長期・逆張り投資で狙いたい好業績、高配当利回り銘柄

❖「麦わら帽子は冬に買え」が教えるシーズンストックの季節性

短期投資の王道が強い（上昇トレンド）銘柄を徹底的に攻める、すなわち順張りであるのに対し、長期投資の要諦（ポイント）は逆張りにあります。これは、筆者の長年の持論です。ただし、買い下がりは「よくなる銘柄」にマトを絞らねばなりません。

長期・逆張りの魅力、その手法を見事に言い表した相場格言に、**「麦わら帽子は冬に買え」**というものがあります。これは、投資経験がある程度長い方なら、誰でも知っているのではないでしょうか。

改めていうまでもありませんが、普通、暑いときに使う麦わら帽子を寒い冬に買う人はいません。しかし、そのような買い手不在のときだからこそ、安く買えるのです。これが逆張りの真骨頂、王道です。

ダイキン工業(6367)の株価推移と同期間の日経平均株価の騰落率

年	1月末終値(円)	7月末終値(円)	騰落率(%)	日経平均の騰落率(%)
2019	11,765	13,585	+15.5	+ 3.6
2020	15,635	18,450	+18.0	▲6.4
2021	22,105	22,665	+ 2.5	▲1.4
2022	23,825	23,250	▲2.4	+ 3.0
2023	22,470	28,690	+27.7	+21.4
2024	23,885	21,905	▲8.3	+ 7.8

(注)ダイキン工業、日経平均株価の騰落率はともに
(7月末の終値−1月末の終値)÷1月末の終値×100で算出

これは、3月決算企業の配当取りにもいえます。配当の権利取りが直前となる3月に入ると、株価はすでに高くなっています。よって、前年の11～12月に仕込むのがポイントです。

季節性が顕著なシーズンストックとしてよく例に出されるのは、エアコン株でしょう。業界の世界的な企業は**ダイキン工業(6367)**ですが、上の表は過去6年(20

19~2024年）における真冬（シーズンオフの1月末）と真夏（シーズンインの7月末）の終値を比較したものです。

もちろん、1月末の株価水準、および7月末の気温（猛暑か否か）などによって状況は変わりますが、これを見ると、2019年が1万1765円→1万3585円（上昇率15・5％）、2020年が1万5635円→1万8450円（同18・0％）、2021年が2万2105円→2万2665円（同2・5％）、2023年が2万2470円→2万8690円（同27・7％）と値上がりしています。

一方、2022年は2万3825円→2万3250円（下落率2・4％）、2024年は2万3885円→2万1905円（同8・3％）と値下がりしています。結果的に、過去6年のうち値上がりした年が4回、値下がりした年が2回ありました。

また前ページの表にあるとおり、日経平均株価との比較でも過去6年のうち4回、騰落率で上回っています。特に、コロナ禍初年の2020年は、日経平均株価が6・4％下落したのに対し、同社株は18・0％と大きく上昇しました。冬にエアコン株を買って夏に売ればかならず儲かる、というわけではありませんが、先人が残したこの格言は、**「安いときに買わなければ儲かりませんよ」**と諭しているのです。

▶ダイキン工業（6367）の月足　（2017年1月〜2020年12月）

▶ダイキン工業（6367）の月足　（2021年1月〜2024年12月）

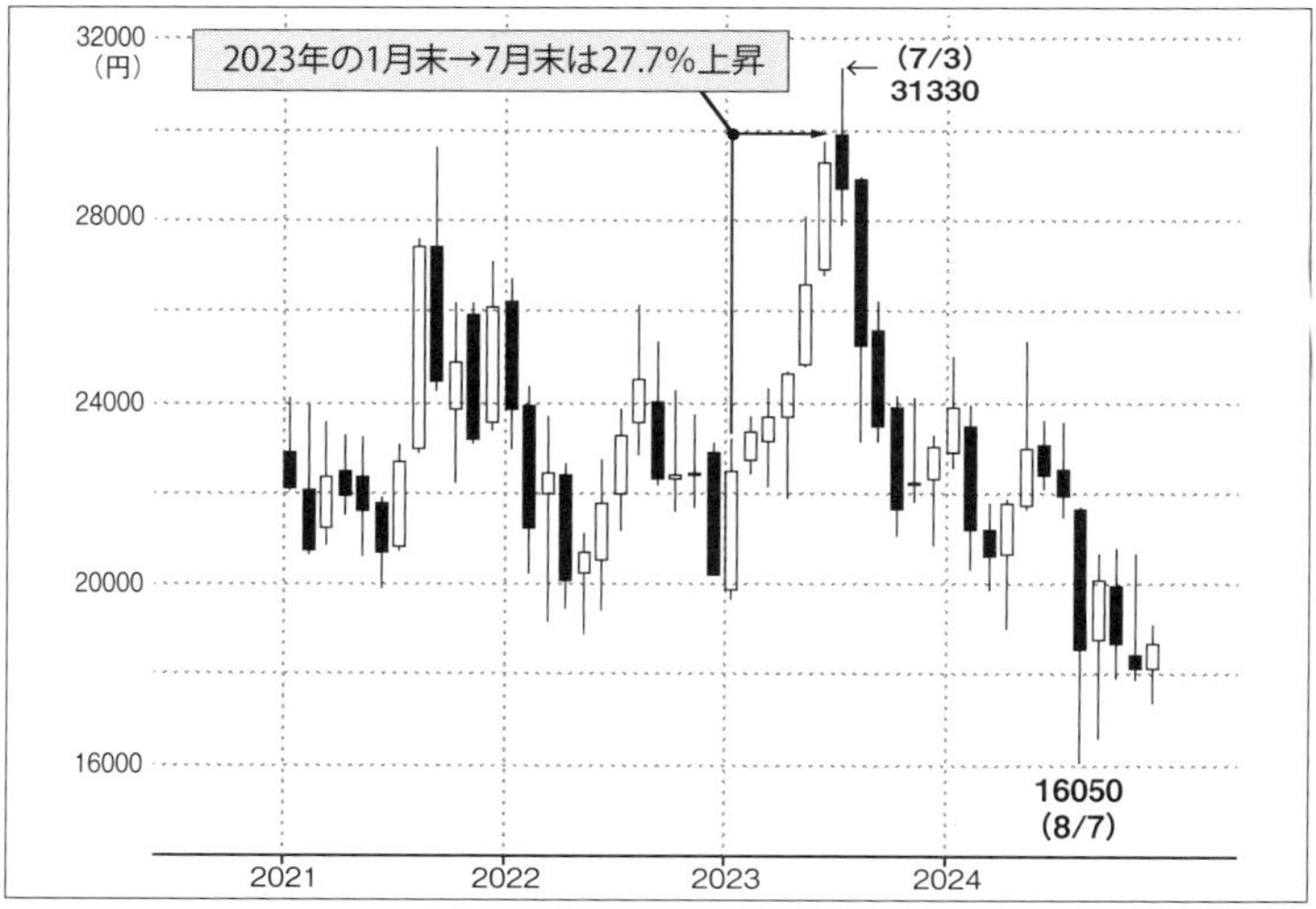

❖人と同じことをしていては大きく儲けることはできない

投資家は人気、ムードに左右されやすいため、高値圏で買い、安値圏で投げ売りをしてしまうことがよくあります。

人気銘柄については過熱気味のときほど冷静になり、逆に人気薄の銘柄についてはその将来性、長期的な妙味を見つける姿勢を持たねばなりません。

多くの人が行かないような裏道にこそ、意外にいい花見の場所があるものです。前項の「麦わら帽子は冬に買え」と同じように、**「人の行く裏に道あり花の山」**という相場格言も、相場の世界では人と同じことをしていては決して大きく儲けることはできませんよ、と教えているのです。

人気がつきづらく、長く安値圏に捨て置かれているような好業績、高配当利回り銘柄などは、まさに〝花の山〟だといえるでしょう。

チャートは、半導体設計などを主力とする**イノテック（9880）**の月足です。2022年の年初に1535円だった株価は、同年10月に1188円まで値下がりしました（下落率22・6％）。ただ、同社は業績堅調、財務内容も良好であり、長期逆張りにはうってつけの銘柄でした。半導体設計は時流に乗っています。

▶イノテック（9880）の月足

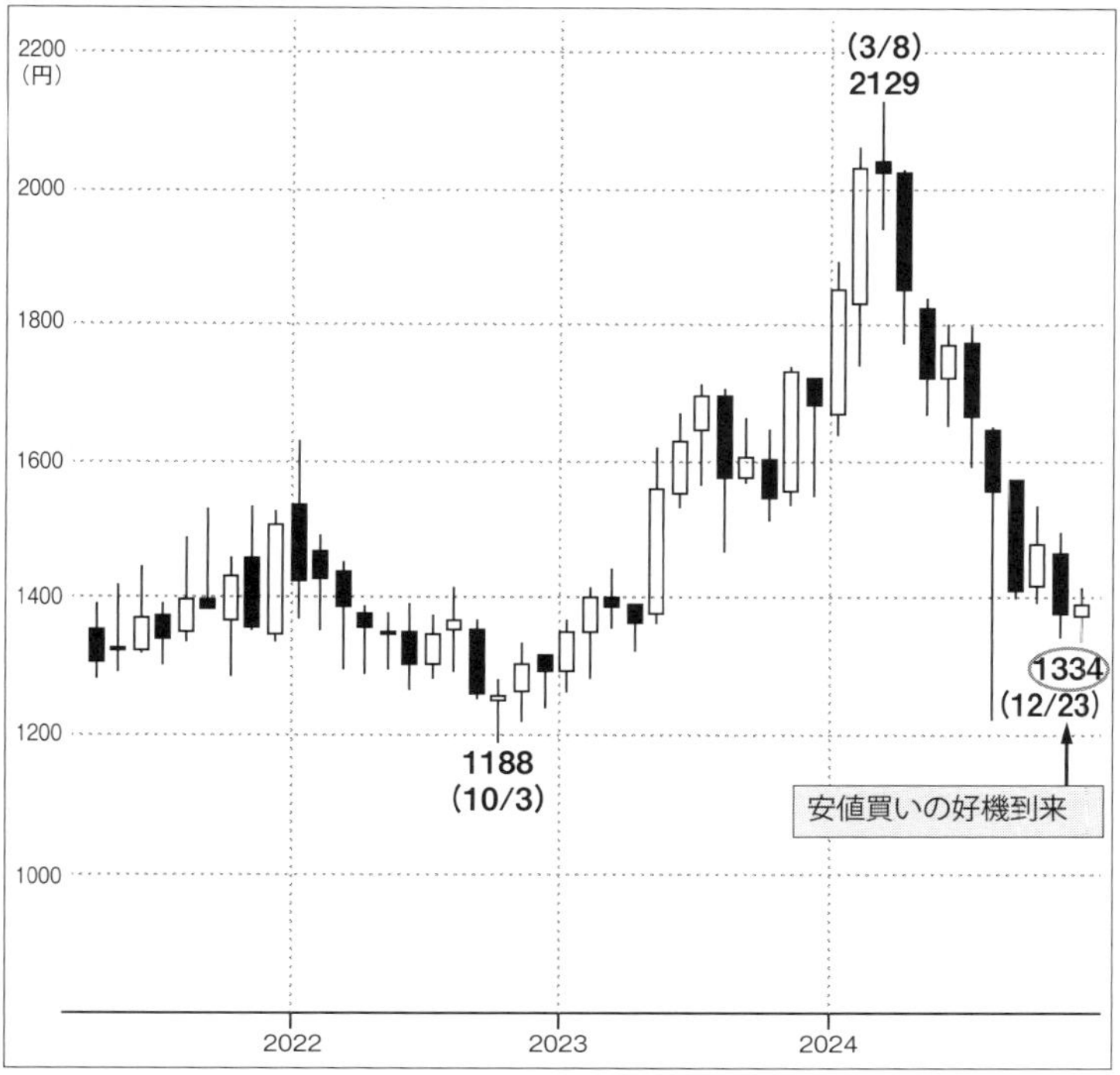

予想どおり、株価は2024年3月には2129円まで上伸しました。この間の上昇率は79・2％に達します。安値圏で買えた人はホクホク顔になったことでしょう。

その後、同社株は再度下げ基調の展開となっています。しかし、ファンダメンタルズ・アプローチでは、1361円の時価は配当利回り5・1％（年間配当70円）であり、PERは13倍台（1株予

▶ファナック（6954）の月足

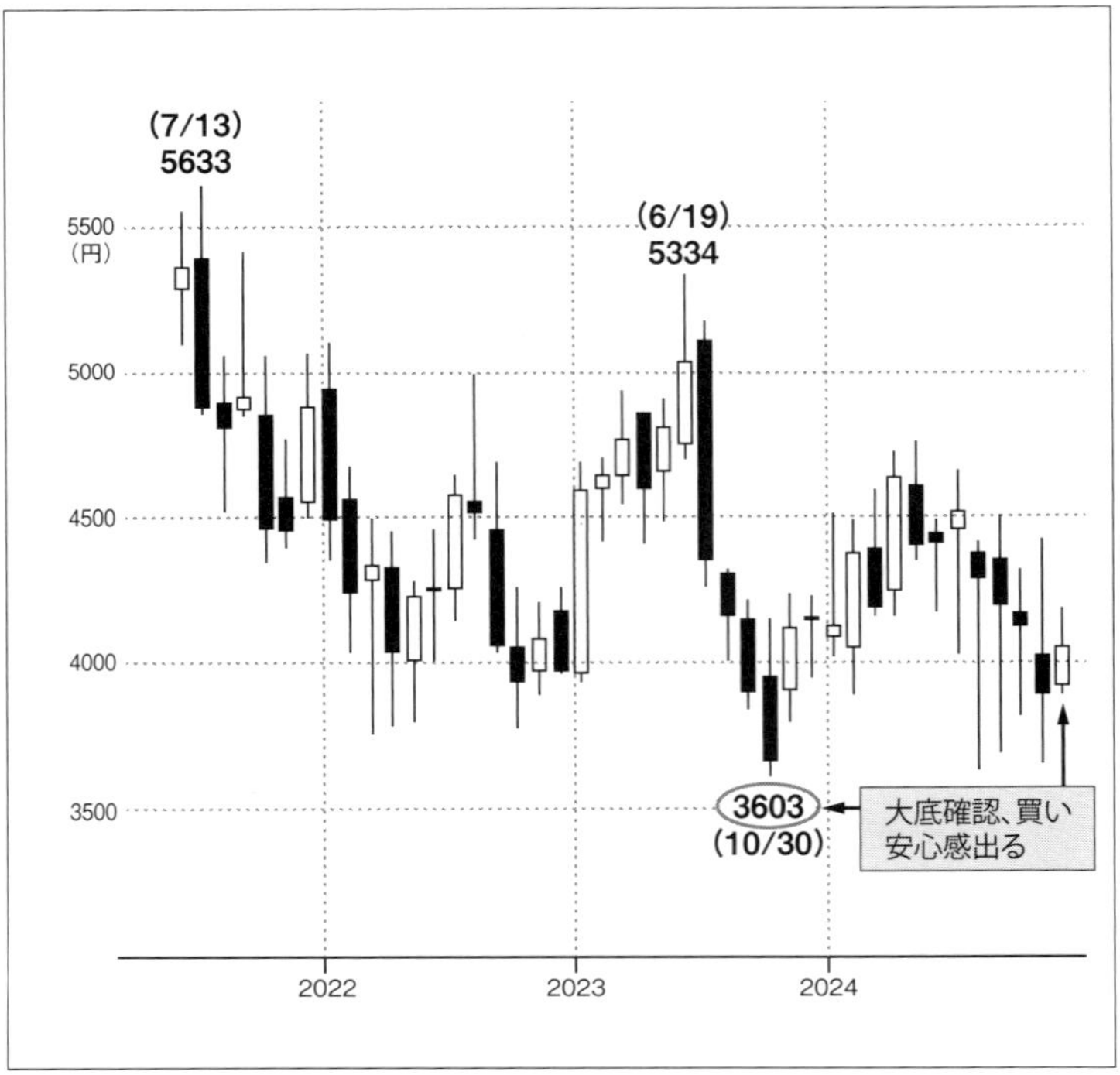

想利益は100円）という好内容です。安値圏に沈んでいるときであれば、長期・逆張り投資にもってこいの銘柄でしょう。

アメリカではトランプ第2次政権がスタートし、同国の製造業はロボットの導入ブームが起きています。人出不足、人件費の高騰に対応したものです。**安川電機（6506）**、**ファナック（6954）**はこのメリットを享受できます。

長期・逆張り投資では安くなった理由を知ること ナンピンの是非を判断することが肝要

❖「安物買いの銭失い」が示唆する低位株のリスク

ただし、長期・逆張りで注意しなければいけないのは、安いという理由だけで安易に買ってはいけないという点です。安い銘柄がすべてダメとはいいませんが、長期間安値圏に放置されてきた銘柄には、それなりの理由があるものです。

特に、200円を割り込んでいるような銘柄は、単に「安い」というだけで手を出したくなるものですが、想定外の損失をこうむるケースも多いため注意が必要です。需給悪とか、含み損を内包しているケースがあります。

何しろ、株価150円の銘柄をその安さに引かれて1万株を購入した場合、たった15円の下げでも下落率は10%、15万円の評価損を抱え込むことになります（取引コスト除く＝以下同じ）。特に、人気薄の銘柄には警戒が必要です。

▶日本コークス工業（3315）の月足

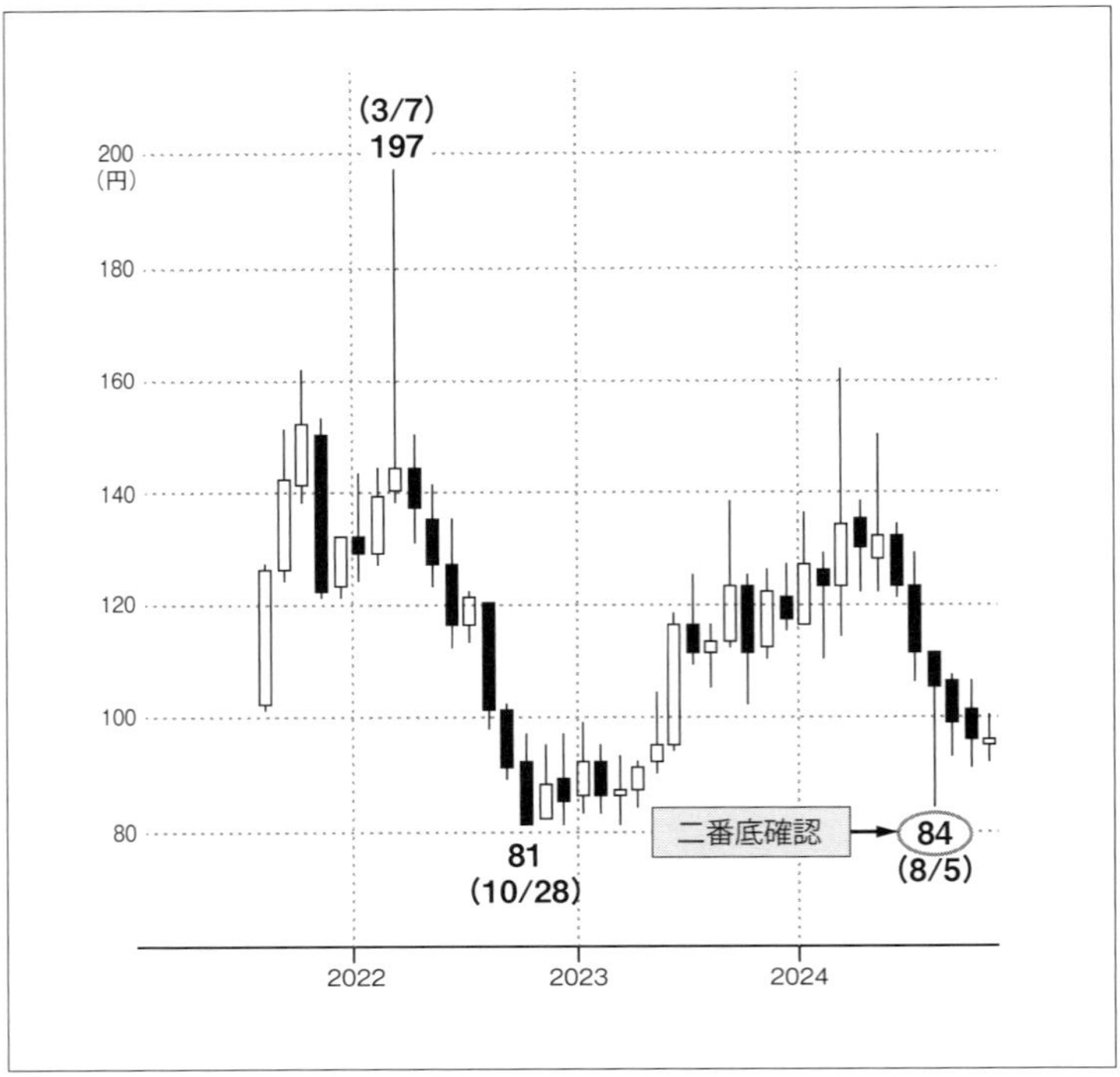

「安物買いの銭失い」になりかねません。この相場格言は、安物買いに対する戒めとともに、安いという理由だけでは買い材料にならないことを教えています。

株価が１２０円になれば下落率は20%、30万円の評価損が生じます。時価が安い株（低位株）は変動幅が小さく見えても変動率が大きくなってしまうため、思惑がはずれたときに備えリスクマネジメントを徹底しなければなりません。

日本コークス工業（3315）は、社名（前身は三井鉱山）が示すとおりコークス製造を主に手がけています。株価は、2022年3月の197円をピークにさえない展開が続いています。ダメな銘柄の代表的な存在です。

2024年は、3月につけた年初来高値の162円が8月には84円まで売られ、直近も100円を割り込んでいます。一般的に、株価が100円を割り込むような銘柄には手を出さないのが無難です。

2024年3月期の配当は何とか3円を実施しましたが、その前は無配でした。予想1株利益も3円ほどと少ないため、時価の92円でもPERは割安とはいえません。遊び感覚を含めた、余裕資金での目先的な投資ならいざ知らず、長期・逆張り投資には不適な銘柄といえます。

もちろん、単純に考えればそうです。しかしながら、同社の筆頭株主は**日本製鉄（5401）**です。発行済み株式数の21・7％を保有しています。事業環境が厳しい（高炉↓電炉シフト）だけに、新分野を開拓し、何とか生き残りをはかるのではないでしょうか。その点、「大穴」的な要素を持っています。

❖負け相場におけるナンピン買いには要注意

長期・逆張りでは、もう1つ気をつけていただきたいことがあります。それはナンピン買いについてです。

ナンピン買いとは、最初に買った銘柄が下がったとき、購入コストを引き下げるため、さらに下値で買い増すことをいいます。ナンピン（難平）には、損（難）を平均化するという意味があります。

一例をあげると、最初に1000円で500株買った銘柄があるとします。その後、この銘柄が意図に反して800円まで値下がり（下落率20％）してしまった場合、この価格で再度500株買えば、平均購入コストは900円＝（1000円＋800円）÷2となります。

その後、首尾よく1000円を回復したところで全株手仕舞いすれば、10万円の利益＝（1000円－900円）×1000株を手にすることができます。

しかし、株価が戻らず一段安となれば、損失が膨らむ一方となります。このケースでは、仮に株価が700円まで下げてしまい、そこで損切りをした場合、20万円の損失＝（700円－900円）×1000株が確定します。

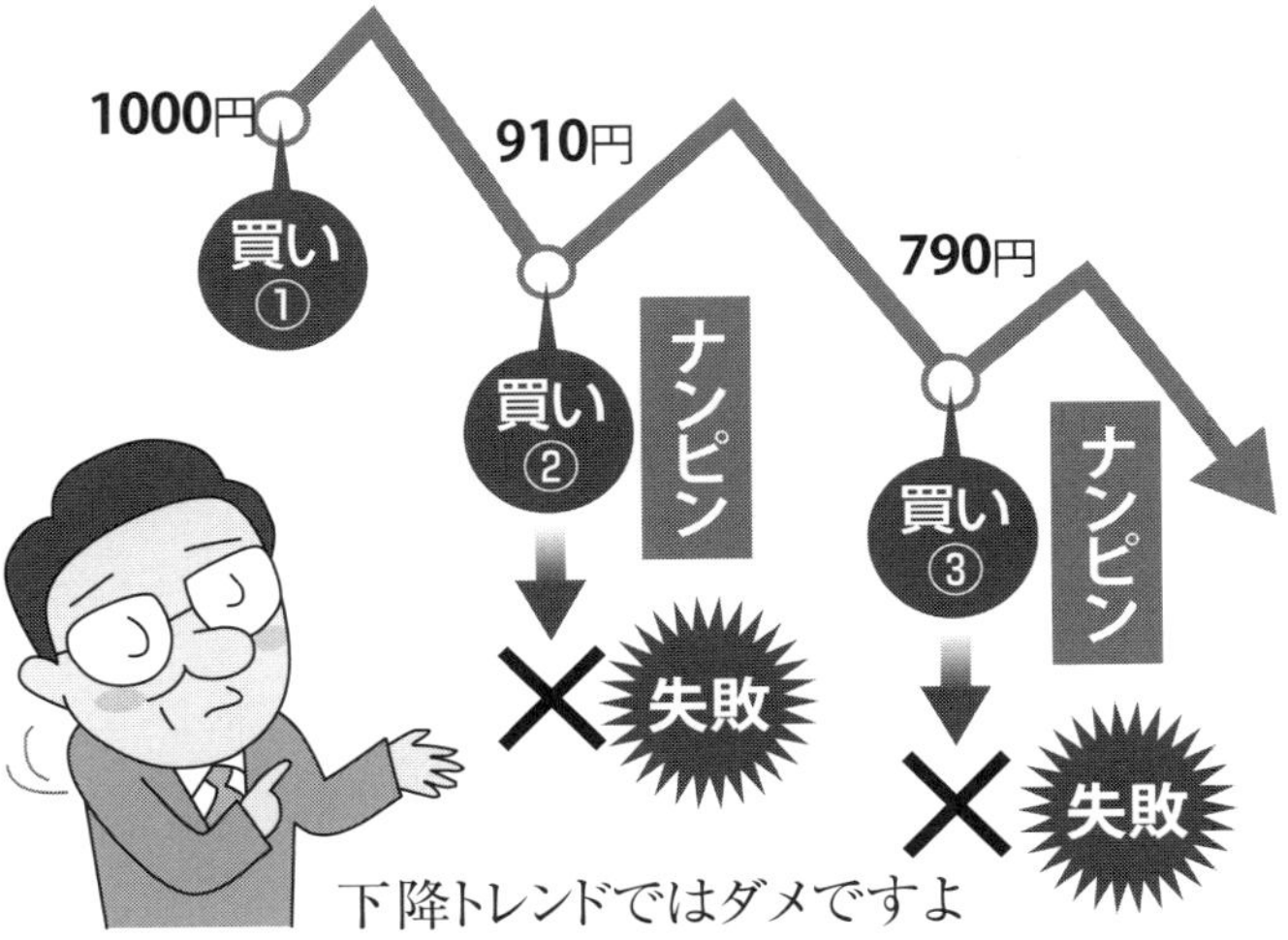

「負け相場、ナンピン買いのスカンピン」という相場格言は、負け（下げ）相場におけるナンピン買いを戒めたものです。ただし、これは信用取引を前提にした格言です。**「追証は営業員の最良のアドバイス」**との教えが示しているように、追証が発生した場合、意地を張らずに撤退するしかありません。

　何度も述べますが、押し目買い（これが難しい）は順張り（上昇）パターンの銘柄が少し安くなった場面を買うことであって、下げ続ける銘柄の安値を買い下がることではありません。

　次ページのチャートは、ソフトウェアテスト事業を主力とする**バルテス・ホール**

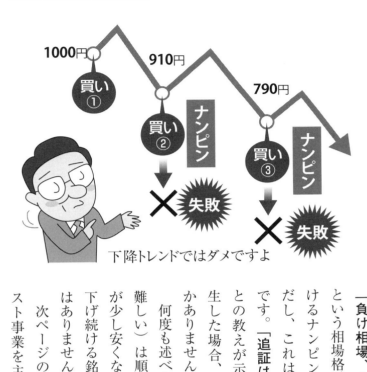

▶バルテス・ホールディングス（4442）の月足

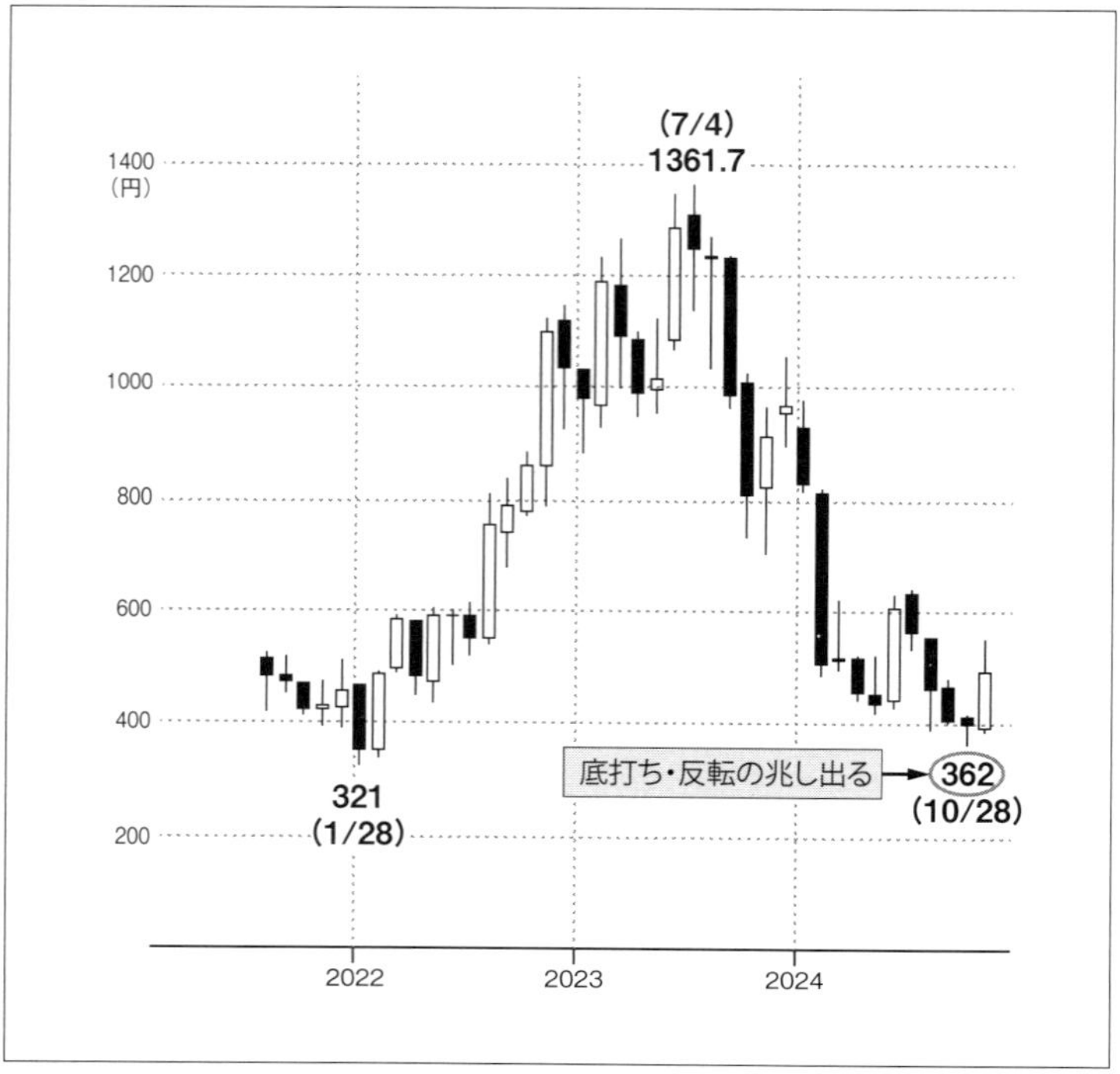

ディングス（４４４２）の月足です。同社株は、２０２３年７月に示現した上場来高値１３６１・７円をピークに下値切り下げが続き、２０２４年10月には３６２円まで売られてしまいました。同社はソフトウェアのテスト事業を主力としていますが、同業のＳＨＩＦＴ（３６９７）となぜ、こんなに大きな差がついてしまったのでしょうか。長期・逆張りにナンピ

ン買いはつきものです。**「ナンピンは下がり相場の金字塔」**という相場格言もあるくらいです。しかし、下げ続ける銘柄に入れあげ、熱くなってナンピン買いを続けると大変なことになりますので、くれぐれも注意してください。やはり、経営力と業績見通しがポイントです。

長期・逆張りを行なう際にはナンピン買いをしていい銘柄、してはいけない銘柄の見極めを冷静に、そして確実に行わなければなりません。

逆張り投資について先人は、**「ナンピンはリスク抑える技法なり、されどヤケで建てれば損は膨れる」**とも述べています。ただし、バルテス・ホールディングスは業績が底打ち、回復に転じてきました。株価はそろそろ、反発しそうです。

筆者の知人の相場巧者には、ひたすら「安いところを買って、高いところを売る」投資手法を実践し、成功している投資家がいます。彼が証券会社に勤務していた時代、上司に「そんなことばかりやっていると、相場にならない（営業成績が上がらない）んだよ」とよく怒られたそうです。

しかし、これが結果的にお客さんのためになったのです。それと、彼のもう1つのモットーは長期投資です。買った銘柄が値下がりしても、絶対に売りません。

▶日本精機（7287）の月足

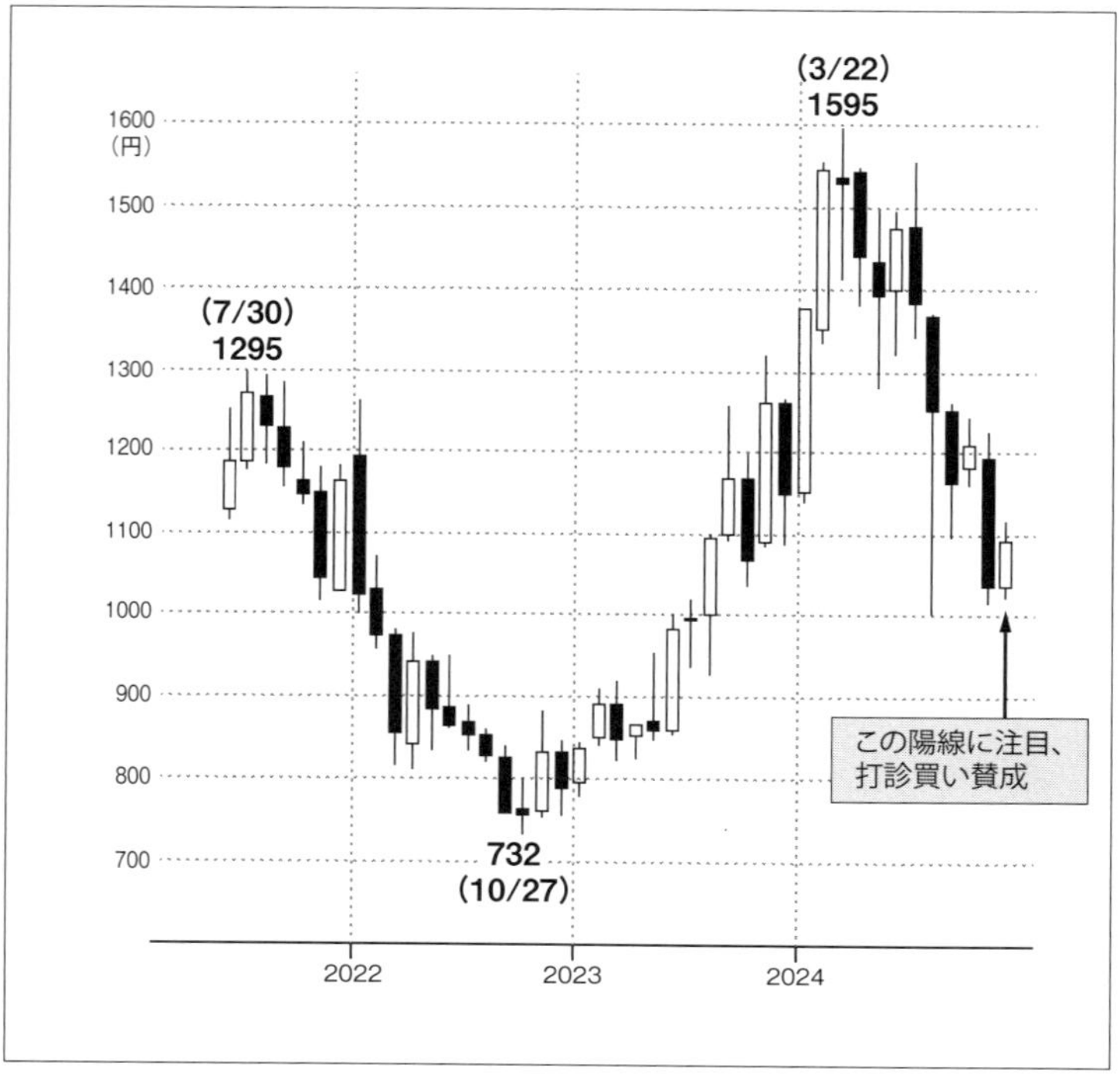

　証券会社時代もその方針を貫き、長岡支店では**日本精機（７２８７）**、北九州支店ではＴＯＴＯ（５３３２）、広島支店では**リョービ（５８５１）**の株主が飛躍的に増えたといわれています。

　車載部品の大手として知られる日本精機は新潟県長岡市、衛生陶器のトップ企業ＴＯＴＯは福岡県北九州市、車向けダイカストの大手リョービは広島県府中市に現在も

▶リョービ（5851）の月足

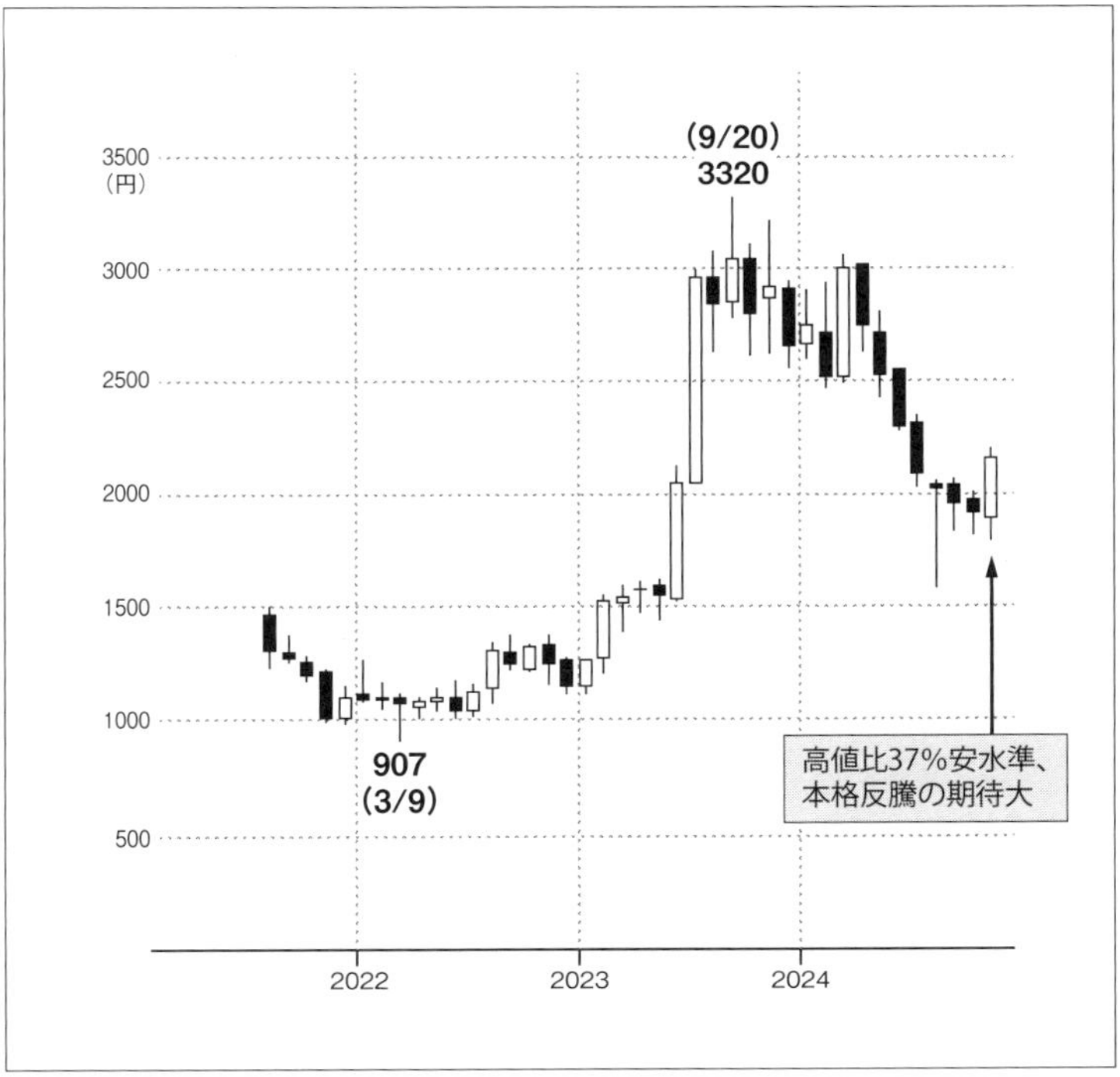

本社を構えています。

彼は当時、こうした地元に本社を置く有力上場企業に足しげく通い、情報をつかむとともに、その銘柄をお客さんにロングランに推奨、多くの顧客の資産形成に役立ったのです。

証券業界では、その後彼が会社を辞め、独立した際、これらの企業の経営者（オーナーなど）が全面的に応援したことがよく知られています。

COLUMN 05

〝はからずも〟の投資は絶対にダメ！
（成功の秘訣は塩漬け株を増やさないこと）

短期・順張りと長期・逆張りでやってはいけないことは、“はからずも”の投資です。この場合の“はからずも”とはどういうことでしょうか。これはある銘柄を短期・順張り方針で買ってみたものの、意に反し値下がりが続いたため、仕方なく長期・逆張りに方針転換してしまうことです。このようなケースでは、多くの場合うまくいきません。

短期・順張りは上昇トレンドが継続している銘柄、サプライズ的な好材料が出現した銘柄を狙うことが多く、配当利回りが低かったり、無配であってもかまいません。

したがって、このような銘柄を長期保有しても配当を主とするインカムゲインはあまり見込めず、株価上昇によるキャピタルゲイン頼みになることが多いのです。しかも、短期・順張りで狙う銘柄は、ひと相場が終わると急落→長期低迷する場合が多く、結果的に大きな損失をかかえたまま塩漬けになってしまうのです。

塩漬け株をつくらない、増やさないという意味では、“はからずも”の分散投資も避けなければいけません。これはAという銘柄を買ってみたものの不発、これを放置したまま、B銘柄、C銘柄と買っていくうちに銘柄（塩漬け株）の数が結果的に増えてしまった状態を指します。

相場格言の**「卵は1つのカゴに盛るな」**は、リスク分散の考え方です。しかし、投資対象の銘柄をあまりに増やしすぎると、「ヤラレ株」ばかりになる危険性があります。管理ができなくなったポートフォリオはボロボロとなります。これではいけません。

◀第6章▶

〝杉村式〟銘柄発掘法！

株式投資の世界で50年超生きてきた筆者の歴史
自著は120冊以上、累計部数100万部突破

❖「個人投資家サイドに立つ」をモットーに評論家活動継続中

筆者は証券専門紙の経済記者として23年あまり務めたのち独立しました。以来、現在も変わらず経済評論家として主に原稿執筆、講演活動をしています。もちろん、この間、株式市場の関係者、注目度の高い企業の取材なども数えきれないほど行なってきました。証券会社の本・支店向けに株式講演会を始めたのは26歳のときです。

モットーは「個人投資家サイドに立つ」ことであり、個人投資家応援団長と自称しています。これまでに刊行した書籍（単行本）は120冊以上、累計での発売部数は100万部を超えました。長くやってきただけのことですが、何事も長く続けるのは意義があると思っています。

2015年以降は、ビジネス書を中心に幾多のベストセラー、ロングセラーを世に出

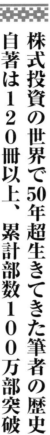

〈第6章〉〝杉村式〟銘柄発掘法！

▶すばる舎刊行の自著一覧（刊行年月・刷数）

1）	これから５年　株は「買い」で決まり!!	(2015年3月・5刷)
2）	これから10年　株で「１億」つくる！	(2015年10月・3刷)
3）	株は金銀銅銘柄で完勝だ!!	(2016年12月・2刷)
4）	新成長株で勝負せよ!	(2017年12月・3刷)
5）	株は100万　３点買いで儲けなさい！	(2018年12月・1刷)
6）	2020年は「この株」で大勝だ!!	(2019年12月・2刷)
7）	ウイズコロナ→ポストコロナは この「厳選株」で攻略せよ！	(2020年12月・1刷)
8）	老後資金2000万円は この株でつくりなさい！	(2021年12月・1刷)
9）	株価チャートのすごコツ80	(2023年1月・2刷)
10）	これから３年　株で攻める！	(2024年2月・1刷)

※累計刊行部数 101,000 部（2024 年 12 月末現在）

してきた出版社、すばる舎さんよりほぼ毎年、自著を刊行させてもらっています。

前ページのリストにあるように、最初の『**これから5年　株は「買い」で決まり!!**』の初版が刊行された2015年3月、その月の日経平均株価の始値は1万8869円でしたが、翌2016年の6月には1万4864円まで下落しています。

このような低迷相場下にも関わらず、株式投資に関する書籍を出していただいたすばる舎の皆さん、および関係者の方々、そして何よりも重版の原動力となった読者の皆様には、この場をお借りして深謝申し上げたいと思います。誠にありがとうございました。

最近は出版不況です。新刊の発行はなかなかできません。

おかげさまで、2024年2月刊行の『**これから3年　株で攻める！**』は10冊目となり、すばる舎における累計刊行部数も「節目の10万部を突破」することができました。誠にありがたいことです。

この間、日経平均株価は、筆者が2015年以降主張してきた1989年12月末の史上最高値、3万8915円（終値ベース）をはるかに超える4万2426円（2024年7月11日）まで上昇しています。2025年は5万円の大台に挑戦するのではないでしょうか。

❖過去4年のメダル候補銘柄、勝負銘柄を検証する

さて、すばる舎刊行の10冊のうち、ここ数年は、その翌年の全体的な相場見通し（日経平均株価の予想イメージ）、および「市場別」勝負銘柄（2020年は東京オリンピック開催にちなみ、「市場別」メダル候補銘柄とした）を巻末に掲載してきました。

本書のこの章では、筆者の50年以上にわたる証券界での経験をもとに、どのようにして銘柄を選別、発掘してきたかについて述べてみたいと思います。

以下のページの別表は、①『**2020年は「この株」で大勝だ!!**』に掲載したメダル候補銘柄（2020年用）、②『**ウイズコロナ→ポストコロナはこの「厳選株」で攻略せよ！**』に掲載した勝負銘柄（2021年用）、③『**老後資金2000万円はこの株でつくりなさい！**』（2022年用）に掲載した勝負銘柄、④『**これから3年　株で攻める！**』（2024年用）に掲載した勝負銘柄の一部です。

実際の勝負銘柄は、市場別に3銘柄ずつ掲載してきましたが、ここでは紙面の都合上、東証プライム銘柄（市場再編前は東証1部）のみの紹介となります。なお、2023年1月に刊行した『**株価チャートのすごコツ80**』は、チャートの教本（基礎知識を学ぶ）という性格上、「市場別」勝負銘柄は掲載しませんでしたのでご了承ください。

コロナ渦の2020〜2021年は連続掲載のイビデンが期待以上の大活躍

❖2020年は半導体関連のイビデンが2倍の大化け

それでは、2020年のメダル候補銘柄、2021年の勝負銘柄について振り返ってみます。なお、別表の始値、高値、安値、終値は注釈にもあるとおり、それぞれの年の株価、直近値は2025年1月10日の終値です。また、カッコ内の数字は、それぞれの年の始値に対する騰落率（＋は上昇率、▲は下落率）となっています。

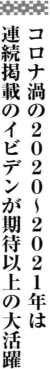

2020年の勝負銘柄は、**イビデン（4062）**、**リクルートホールディングス（6098）**、GCA（上場廃止につき割愛）としました。

イビデンはインテルを主要販売先とする半導体関連メーカーです。本社は岐阜県大垣市にあります。主軸はインテル向けICパッケージでしたが、原稿執筆時（2019年11月）、スマホ用プリント配線板などを手がけている点に注目しました。好業績がポイ

▶2020年のメダル候補銘柄と2021年の勝負銘柄の騰落率

2020年の主なメダル候補銘柄（東証1部）

コード	銘柄	始値	高値	安値	終値	直近値
4062	イビデン	2,569 （±0.0）	5,150 （＋100.5）	1,745 （▲32.1）	4,815 （＋87.4）	4,833 （＋88.1）
6098	リクルートHD	4,052 （±0.0）	4,906 （＋21.1）	2,240.5 （▲44.7）	4,321 （＋6.6）	10,955 （＋170.4）

2021年の主な勝負銘柄（東証1部）

コード	銘柄	始値	高値	安値	終値	直近値
4062	イビデン	4,875 （±0.0）	7,380 （＋51.4）	4,240 （▲13.0）	6,840 （＋40.3）	4,833 （▲0.9）
1911	住友林業	2,171 （±0.0）	2,582 （＋18.9）	1,910 （▲12.0）	2,226 （＋2.5）	4,951 （＋128.1）
3940	ノムラシステムコーポレーション	183 （±0.0）	191 （＋4.4）	120 （▲34.4）	138 （▲24.6）	126 （▲31.1）

（注）始値、高値、安値、終値はそれぞれの年の株価（単位：円）。
直近値は2025年1月10日の終値（単位：円）。（　）の数字はそれぞれの年の始値に対する騰落率（単位：%）

ントです。

この分野は、アップル株の史上最高値更新に見られるように、今後は大きく伸びると予測したのです。プロセッサ、それを組み込んだサーバーの性能向上は、微細化だけでは困難になりつつありました。

これはすなわち、チップメーカーの差別化の〝主戦場〟が半導体の製造技術→パッケージ技術に移ることを意味します。これは半導体の技術の進化を物語る事例でしたが、イビデンはいち早くこの分野に注力し、2021年3月期以降、大幅増産を始めるといわれていました。世界的な大企業に寄り添う「コバンザメ」戦術です。

筆者はこれが同社の業績を飛躍的に向上させ、株価の大きな支援材料になると確信し、2020年3月期の1株利益を50円強（前期実績は23・7円）と予想しました。倍増ペースです。

ところが、実際は純利益が113億円強、1株利益は81・1円となったのです。これらはいずれも前期比3・4倍であり、2020年12月には5150円まで値上がりしました。これは年初の2569円に対しほぼ2倍の急騰であり、大成功銘柄となりました。業績の劇的な変化は、株価を大化けさせます。

▶イビデン（4062）の週足

もう1つのリクルートホールディングスは、求人情報検索サイト「Ｉｎｄｅｅｄ（インディード）」が世界最大規模であり、海外売上高比率が46％（当時）と高いことなどを評価しました。当時、テレビコマーシャルが話題になっていました。

グローバルに展開する人材力、企業力を背景に、業績も絶好調でした。２０２０年の株価は想定外でしたが、年初の４０５

2円が4月に2240・5円まで下げて（下落率44・7％）しまいました。

しかし、その後は実力が再認識されて切り返し、11月には4906円まで値上がりしています（上昇率21・1％）。この年の同社株は、年初比6・6％上昇の4321円で終わりましたが、2024年の12月12日には1万1895円の史上最高値を示現しています。強い動きが継続中です。

❖2021年は2年連続掲載のイビデンが5割高、住友林業は横ばい

2021年の勝負銘柄は**イビデン（4062）**、**住友林業（1911）**、**ノムラシステムコーポレーション（3940）**としました。イビデンは連続推奨です。

イビデンを2020年に引き続いて勝負銘柄としたのは、チャート面では週足、月足がともに移動平均線に支えられ、理想的な上昇トレンドを継続していたことです。

しかも、移動平均線は短期線が長期線の上にある典型的な順張りパターンであり、この勢いは2021年もしばらく続くと読みました。すなわち、「続く流れに」逆らってはいけません。

もちろん、業容的にもアメリカ向け電子事業が絶好調であり、アップルの「iPho

▶イビデン（4062）の週足

ne12」の市場投入も同社にとって強力な追い風になると感じていました。本格的なスマホ時代の到来です。

業績見通しでは原稿執筆時に、2021年3月期の1株利益を107円がらみと予測しましたが、実際は183・9円で着地しています。

2021年の株価は、年初の4875円が3月に4240円まで押し（下落率13・0％）ましたが、その後は急反騰、11月には７３８０円の高値をつけ（上昇率51・４％）、年末も６８４０円で引けました（上昇率40・３％）。この銘柄はずっと持ち続けていても不安はありません。

住友林業は木材系の住宅メーカーですが、アメリカをビジネスの拠点とする海外部門の進展に期待しました。実質、同社は〝アメリカの会社〟なのです。当時、アメリカではバイデン大統領が住宅取得、補修に補助金の提供を公約として掲げていました。日本の住宅メーカーは、アメリカ市場に注力しています。同社はその先駆者です。

ベビーブーマー世代の子どもが30歳前後になっていたこともあり、アメリカでは住宅ブームが起きていたのです。このため同社株は、「バイデン銘柄」と評価されていました。実は、トランプ政権も住宅取得支援を公約に掲げています。アメリカの家計資産は主体が株式・投信、そして住宅なのです。

業績は、２０２０年12月期が決算期変更（3月期→12月期）に伴い、９カ月決算だったため1株利益を80円がらみと予想しましたが、実際は１６７円超で決着しています。大幅増益です。

株価は２０２１年の始値２１７１円に対し、４月に２５８２円（上昇率18・９％）まで買われましたが、年末は２２２６円（同２・５％）で大引けと、ほぼトントンの結果になりました。しかし、不安はありません。

事実、その後、同社の業績は急拡大（純利益＝２０２０年12月期３０４億円↓２０２２年12月期１０８６億円）、つれて株価も２０２４年10月３日には７２９３円の高値まで買われています。上場来高値です。その後は高値波乱に陥っていますが、不安はありません。ＦＲＢ（米連邦準備制度理事会）は利下げを続けています。

一方、ノムラシステムコーポレーションは、デジタル化の波に乗るＤＸ（デジタルトランスフォーメーション）のデパート的な存在として選びました。現在は東証スタンダード市場銘柄です。

小粒なＩＴ企業ですが、財務内容は良好（無借金）です。戦略的なコンサルティングなどを強みに急成長を続けていました。しかし、２０２１年の株価は年初の１８３円が１９１円まで買われたものの、その後は下値模索の展開となり、年末には１３８円（下落率24・６％）まで下げてしまいました。２０２５年1月現在、株価は相変わらず、超低空飛行を続けています。しかし、１００株を1万円ちょっとで購入できます。２０２０年7月には２５８・５円まで買われています。

ウィズコロナの2022年は厳しい相場環境
日経平均最高値更新の2024年は主力株が急騰

❖日経平均1割安でも2022年はINPEXが最大8割高

2022年の勝負銘柄はINPEX（1605）、エンビプロ・ホールディングス（5698）、アウトソーシング（上場廃止につき省略）としました。アウトソーシングもそうでしたが、最近は経営陣による自社の買収により、上場を止める企業が増えています。2024年は上場廃止企業が94社もあったのです。

この年の日経平均株価は、始値2万9098円→終値2万6094円（下落率10・3%）という厳しい年でしたが、INPEXは国内最大のエネルギー開発企業であり、年初の1017円が2022年の6月には1831円まで上値を切り上げました。この間の上昇率は80%となります。

その後は押し目形成の流れとなりましたが、年末には1396円（年初比上昇率37・

▶2022年と2024年の勝負銘柄の騰落率

2022年の主な勝負銘柄（東証プライム）

コード	銘柄	始値	高値	安値	終値	直近値
1605	INPEX	1,017 (±0.0)	1,831 (＋80.0)	989 (▲2.8)	1,396 (＋37.3)	1,950 (＋91.7)
5698	エンビプロ・HD	920.5 (±0.0)	1,166.0 (＋26.7)	618.5 (▲32.8)	705.0 (▲23.4)	391.0 (▲57.5)

2024年の主な勝負銘柄（東証プライム）

コード	銘柄	始値	高値	安値	終値	直近値
8035	東京エレクトロン	24,000 (±0.0)	40,860 (＋70.3)	20,450 (▲14.8)	24,185 (＋0.8)	27,025 (＋12.6)
6501	日立製作所	2,078 (±0.0)	4,147 (＋99.6)	2,024 (▲2.6)	3,937 (＋89.5)	3,810 (＋83.3)
9336	大栄環境	2,513 (±0.0)	3,270 (＋30.1)	2,375 (▲5.5)	2,891 (＋15.0)	2,828 (＋12.5)

（注）始値、高値、安値、終値はそれぞれの年の株価（単位：円）。
直近値は2025年1月10日の終値（単位：円）。（　）の数字はそれぞれの年の始値に対する騰落率（単位：%）

▶INPEX（1605）の週足

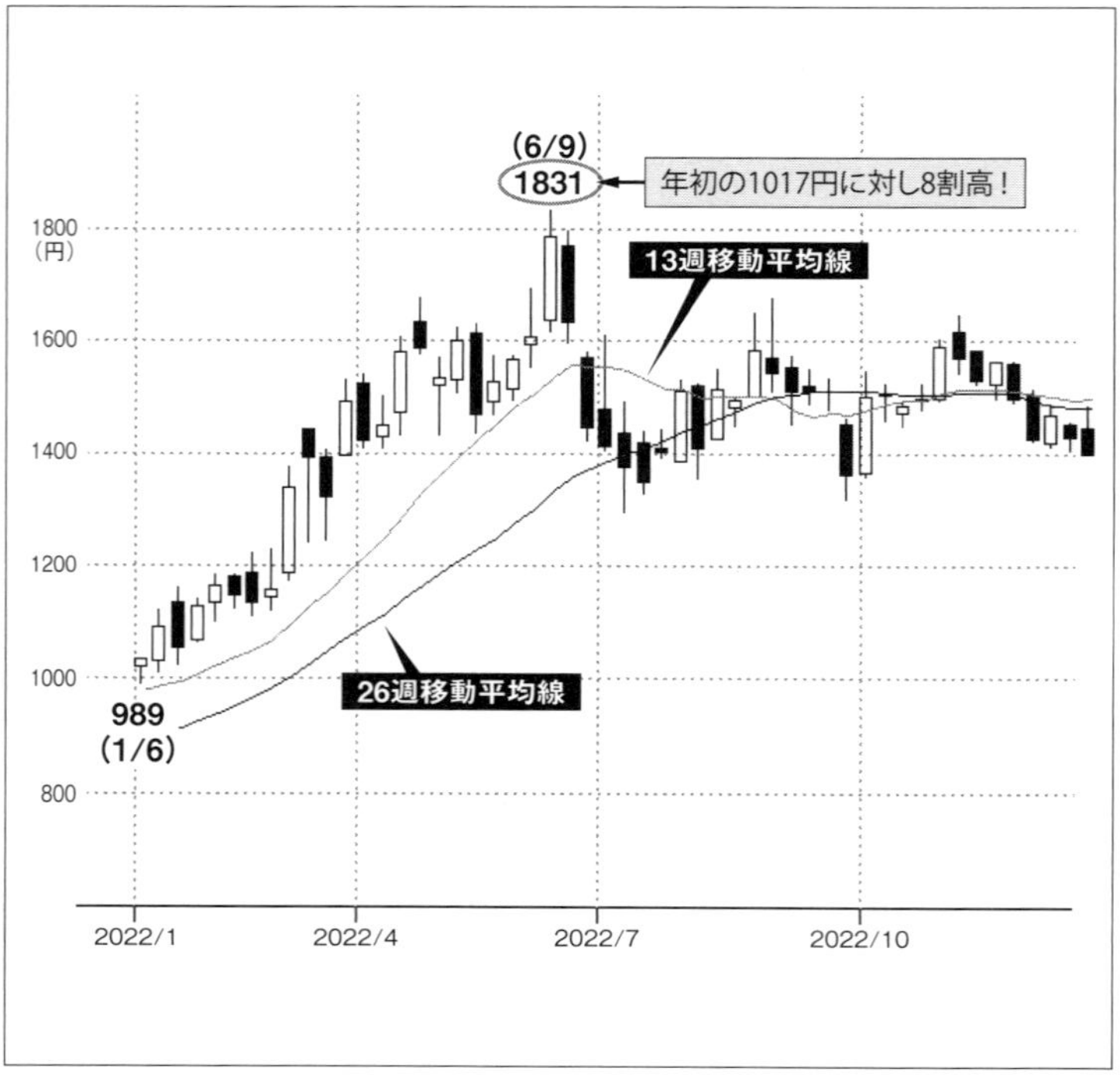

3％）で引けており、成功銘柄といえるでしょう。原油価格の急騰に対するヘッジ銘柄としての切り口があります。

全般相場を象徴する日経平均株価が1割超下げたことを考えると、この逆行高は我ながら見事だったと思います。

同社はかつての国際石油開発帝石であり、筆頭株主は経済産業大臣（発行済み株式数の21・9％を保有）という国策会社です。エネルギー小国の日本にとって、まさに〝命綱〟的な存在といえます。

原稿執筆時の年間配当利回りは4％台（直近の年間配当は86円）であり、PERも7倍台であった点も評価の対象となりました。ハイテク系ばかりのポートフォリオでは、波乱相場に対応できません。今後も目を離すことのできない銘柄です。

一方、エンビプロ・ホールディングスは期待はずれに終わりました。同社は、2024年に取り上げた大栄環境と同じリサイクル企業です。地球環境にやさしい脱炭素の取り組みにも積極的という点を評価したものですが、この年の株価は23・4％の下落となりました。

❖2024年は東京エレクトロンが最大7割高、日立製作所が9割高

2024年の勝負銘柄は**東京エレクトロン（8035）**、**日立製作所（6501）**、**大栄環境（9336）**としました。東京エレクトロン、日立製作所はド真ん中の銘柄です。

東京エレクトロンは世界第3位の半導体製造装置メーカーです。2024年の株価は2万4000円でスタートし、4月には4万860円まで買われました。この間の上昇率は7割を超えています。文字どおりの理想的な短期急騰劇を演じたのです。

同社株の本領発揮はこれからが本番であり、半導体関連の本命であることに変わりはありません。ただ、売上高の約５割が中国向けなのはリスク要因です。

一方、日立製作所は２０２４年８月の日銀ショックも楽々と乗り越え、年初の２０７８円が10月30日には４１４７円（上昇率99・６％）まで値上がりし、直近も高値圏で推移しています。これは年初株価の２倍近いパフォーマンスであり、大成功銘柄といえるでしょう。親子上場の是正、構造改革の推進（選択と集中）など最先端を走っている企業です。

同社は総合電機、重電業界の〝雄〟的な存在であり、多彩な事業展開がマーケットの評価を得ています。筆者はこれらに加え、生成ＡＩなど最先端分野に注力するとともに、得意のインフラ（社会資本）整備事業に意欲的に取り組んでいる点に注目しました。何しろ、20年前には20数社の「日立銘柄」が上場していました。それが今では、数社になっています。これはすごいことです。

業績は好調であり、利益率は確実に高まっています。まさに「選択と集中」の成果でしょう。この強みは引き続いて注目できます。

３番目の大栄環境は、廃棄物の一貫処理体制に強みを持つ銘柄です。年初以来ボックク

▶日立製作所（6501）の週足

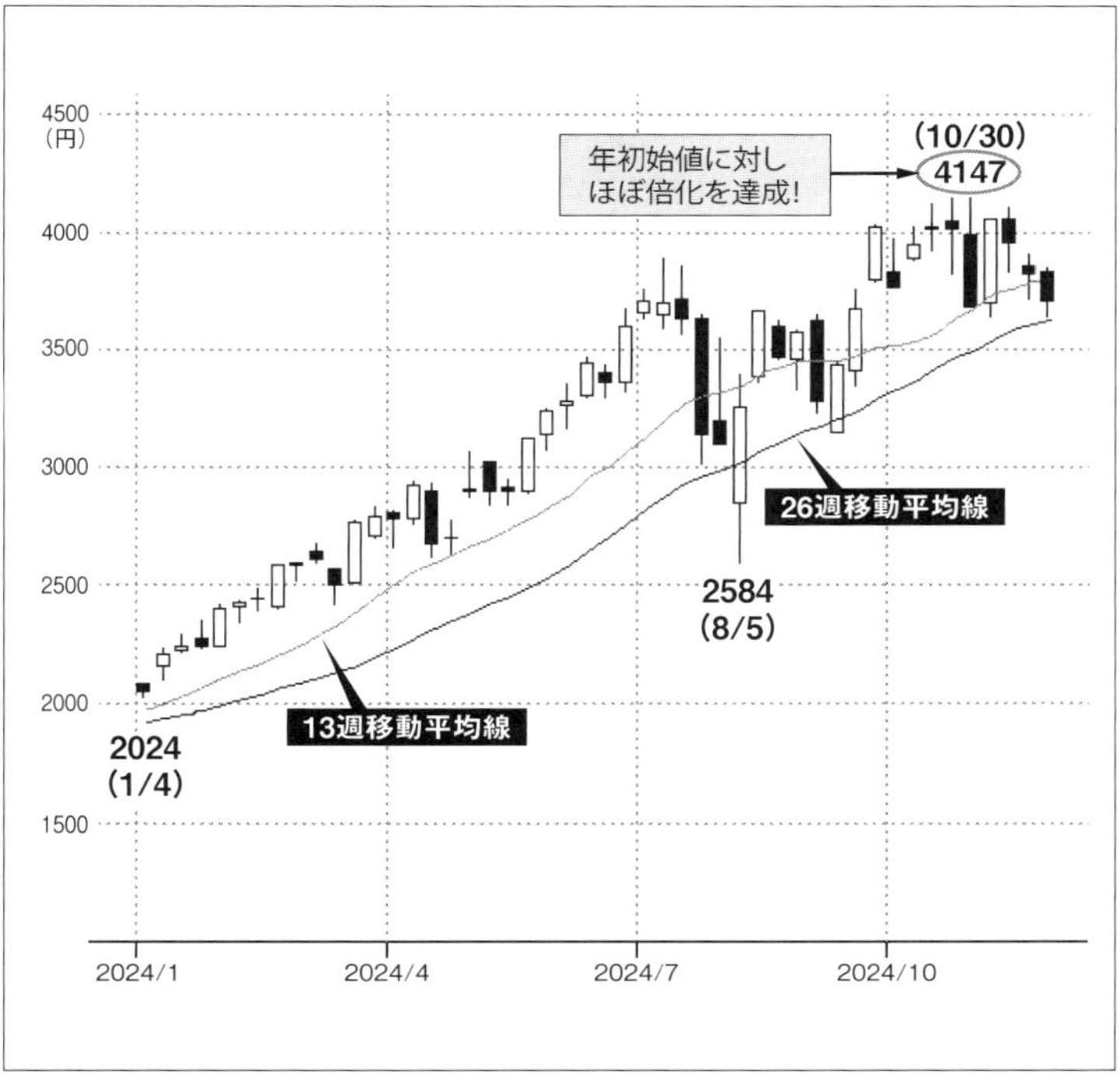

ス圏での動きが続いていましたが、２０２４年の８月後半にボックス上放れとなり、11月13日に３２７０円と高値を更新しました。これは年初の２５１３円に対し、30・１％の値上がりです。

２０２４年の日経平均株価は、始値３万３１９３円→11月13日高値３万９３７７円（上昇率18・６％）です。同社株はそれを10％以上、上回っています。成功銘柄です。

❖弁護士を目指して上京後、18歳で株式投資の世界に入る

著者略歴にあるとおり、1949年に熊本県で生まれた筆者が兜町にやってきたのは、18歳のときです。上京してすぐに中央区新川にあった証券専門紙の工場の6階(校正室)に住みつきました。故郷を出て東京に来たものの、働くところも家(住む場所)もなかったのです。大学は明治大学法学部に入りました。いや、正確にいうと、二部(夜学)でした。昼間は証券専門紙で雑用係として働き、卒業後はそのまま社員(編集記者)として勤務したのです。

上京当時、住まいのある茅場町と大学の最寄り駅である駿河台下の間には都電が走っていました。夜、学校が終わって10~11時に乗るとたいてい1人で、車掌さんが「寝てなさい」といってくれました。毎夜、帰りは疲れのため憔悴《しょうすい》しきっていました。これはありがたかったですね。

このような経緯があり、株式投資の勉強は上京後、18歳から始めたのです。上京した際には、東京までの電車賃(急行「霧島」に乗ったものの座ることができず、神戸まで約9時間立っていた)、大学の入学金を払ったあと、2万円ほど現金が残りました。当時の筆者にとっては大金です。

これで「株式投資をやろう」と考え、会社近くの証券会社に出向き、「株を売ってください」と受付の女性にいったのです。その女性はものすごい美人でした。どうでもいいことですが、東京の女性はみんなきれいだなあ、と妙に感心したことを覚えています。まあ、受付の人もビックリしたでしょうね。学生服（当時、背広をもっておらず、高校の制服のまま）、坊主頭の若者が突然、「株を売ってくれ」といったのですから……。ちなみに、これもどうでもいいような話ですが、この女性はその後、筆者の友人と結婚しました。2人の結婚式に出席したことを覚えています。

それはともかく、その後、証券会社の受付で待っていると、しばらくして営業部長さんという人が出てきました。これはあとで知ったことですが、この方は大手生命保険会社からの出向でした。将来の社長含みの人事だったようです。

営業部長さんは筆者を応接間に招き入れ、「あのね、株式投資を行なうには、まず口座開設が必要です。身分証明書、それと印鑑に概算金（購入代金）がいります」と。

「いや、2万円ならありますが……」

「それじゃあ、それは今度持ってきてください」と、わずか2万円の超小口投資家なのに、ていねいに応対してくれました。この接客態度は、今の対面営業の営業員に求められていることではないでしょうか。

結局、口座開設は無事終了。その数日後、東証2部の富士観光（現在は上場していない）を8円で500株ずつ（当時の2部市場の売買単位は500株だった）、2回に分けて1000株買ったのです。なぜ、富士観光かというと、単純に株価が安かったからです。その当時、2万円で買えるような銘柄はほかに見当たらなかったのです。同社は神奈川県にホテルを持っていました。それで「資産がある」と考えたのです。

その後、すぐに富士観光の株価は20円を超えました。1968（昭和43）年当時は、不動産ブームの走りだったのです。もちろん、すぐに売りました。儲けは1万円ちょっと。手取りの給料が1万円もなかった頃です。これはうれしかったですね。

その数日後証券会社に顔を出すと、営業部長さんが「あんた、相場がうまいねぇ」とほめてくれた言葉が忘れられません。

当時は、苦学しながら弁護士を目指していました。故郷熊本の先輩に、田中さんという有名な弁護士がいたのです。それがいつの間にか、兜町の水にすっかりなじんでしまいました。これはこれでよかったと今では思っていますが、この最初の投資の成功体験が大きく影響しているのは確かなようです。

♪白雲なびく駿河台
眉秀でたる若人が～
明治大学
目指すは
弁護士!!
△△
証券
◇◇
新聞社
○○
證券
そうだ!!
これで
株式投資を
やろう
手許には
2万円ほど
残ったし
株を売って
ください!!
はぁ？
受付
いつの間にやら
兜町の水になじみ……
これが、わたしの
株式投資の始まりなんです

❖銘柄発掘のポイントはテーマ性と業績、そして需給

以来、50年以上、株式市場に身を置き、相場解析と銘柄発掘を続けてきました。もちろん、よかったことばかりではありません。この間、幾多の暴落に巻き込まれました。その折には、個人投資家の皆さんにも多大な迷惑をかけたと思います。ダメだった銘柄があるのは確かです。申し訳ありません。

ただ、常に考えているのは個人投資家の皆さんのことです。皆さん、株式投資でもっと儲けてください、との思いはいつも心のなかにあります。

銘柄発掘に関してはテーマ性と業績面（よくなる銘柄）、そして需給に注意していま す。**「需給はすべてに優先する」**のです。すなわち、株式の需要が供給を上回る（買いが売りより多い）場合、株価は上昇します。逆に、供給が需要を上回る（売りが買いより多い）場合、株価は下落します。いつになっても、このプロセスは変わることがありません。

現状（２０２４年12月）ではトランプ政権の通商、外交政策、世界的なテーマとしては、フレンド・シェアリング（西側諸国だけでサプライチェーンを完結させる）の流れ、普及期を迎えたＡＩ（人工知能→新産業革新）、日本では、地方創生、国土強靭化、

供給山
需要川
さて、どちらが勝つかで
今後の成行きが…

防衛力の増強などが欠かせません。

トランプ政権についてマーケットではネガティブな情報が多いようですが、筆者はその成長戦略、イノベーション（技術革新）重視の政策を評価しています。

国策に沿うこれらの関連銘柄は株価に復元力（折に触れてニュースが出たり、社会的な話題を集める）がありますし、国家資金、および企業の人的投入を受け、結果として好業績が見込めるのです。

難しい時代になりましたが、このようなことを念頭に置き、常にリスクのチェックを怠らず、個人投資家の応援団長として生ある限り、相場解析、および銘柄発掘にまい進し続けたいと思っています。

COLUMN 06

大勢観をつかむのは基本理解が第一
（ネガティブな考えは大きな流れを見失う）

資産運用に関しては、「現状を正しく認識すること」、および「リスク・マネジメントを徹底すること」（第３章で詳述）が大切だ、と主張しています。

2025 年 1 月 20 日に就任したドナルド・トランプ大統領については、その破天荒な性格、言動にマーケットは脅え、身構えているようです。

しかし、筆者はポジティブに捉えています。明確な成長戦略に加え、イノベーション（技術革新）が国家を富ませる、との考えはアメリカを一段と強固にするでしょう。政治的な関係構築（トランプ氏は国と国より個人と個人の関係を重視）は不可欠ですが、同盟国ニッポンはその恩恵を享受できるはずです。

閣僚人事をみると、旧民主党系の保健福祉長官、国家情報長官、共和党ですが、労働組合寄りの労働長官などが任命されています。ポピュリスト、富豪に加え、伝統的保守派、外国の戦争に懐疑的な人物、極右の破壊者などなど「闇鍋」と形容されているほどです。ただ、労働組合に配慮し、右傾化が著しい若年層とマイノリティなど、多様な支持基盤を念頭に置いた人選であることが分かります。

もちろん、トランプ大統領に対する「忠誠心」と「個人的なつながり」が重要な要因になっているのは間違いありません。いずれにせよ、トランプ大統領をネガティブな材料としてばかり見ていると、大きな流れ（潮流）を見失うおそれがあります。**「大勢観をつかむのは基本理解が第一」**と心得ることが肝要なのです。

◀巻末特別付録▶

自分年金のつくり方

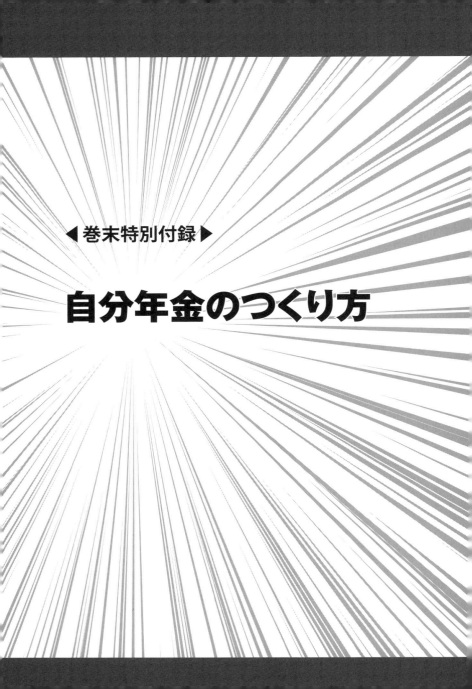

「長生きのリスク」に直面する人生100年時代
第2、第3の「生活の糧」を得ようじゃないか！

❖物価高が続く長寿社会をどう生き抜くか

長寿社会が到来しています。何しろ、現在の日本人は長生きです。多くの人がリタイアする65歳時点の平均余命は男性が19・5年、女性は24・4年もあるのです。いわゆる、第2の人生です。

もちろん、長生きは悪いことではありません。しかし、豊かな老後のための生活資金の確保は大きな問題となります。頼みの公的年金だけで暮らすことはできず、預・貯金の金利は雀の涙です。

どうすればよいのか。やはり、自助努力が必要でしょう。筆者はここ数年、「自分年金」の必要性を主張してきました。そもそも、日本の公的年金（確定給付型年金）は老後の1人世帯、2人世帯を前提にしていません。

昨今、声高に叫ばれる「人生100年時代」は、「長生きのリスク」に直面することを意味します。すなわち、人生100年時代を生き抜くためには、健康寿命（健康な状態で生活することが期待される平均期間）を可能な限り引き延ばすとともに、生活費、および趣味の費用の確保が極めて重要な課題となるのです。

円安などによる昨今の物価高は、私たちの暮らしを直撃しています。電気代を代表格にあらゆる物が値上がりし、生活は苦しくなる一方です。頼みの綱であったコメさえ品不足（インバウンドによる需要増に加え、生産減少）に陥り、2024年の新米価格は前年比3～5割以上値上がりしています。

また、メディアの報道によると、異常気象を受け、野菜の高騰も深刻です。レタス、タマネギは過去5年の平均的な価格と比べて2割以上、ジャガイモ、トマトは3割以上値上がりしています。筆者の知人は、近所の八百屋でキャベツが1玉580円（税込み）で売られていたと嘆いていました。驚愕《きょうがく》すべき値段です。

物価高が続く時代に健康を維持すること、生活費に困らないようにすることは、まさに車の両輪のような関係であり、これは高齢者だけでなく、中高年、若者層にとっても避けては通れない、極めて重要なテーマだといってよいでしょう。世界的にインフレの時代は続きます。

❖公的年金を補完する自分年金づくりを始めよう

厚生労働省によると、1947〜1949年にかけて日本で生まれたいわゆる「団塊世代」の人たちが、2025年にはすべて75歳以上に達するのです。

そして、75歳以上の人々が全人口の約18%を占めるようになり、2040年には65歳以上の高齢者が全人口の約35%となると推計されています。

これに対し、生産労働人口と呼ばれる15～64歳の人々は全人口の約55％、0～14歳までの人口は全人口の約10％と推計されています。

まさに、本格的な少子・高齢化社会の到来です。これは年金についていえば、現役世代が減少、年金受給世代が増えることを意味します。現実的に、現行の年金給付水準を維持するのは極めて難しくなるでしょう。確定給付型年金は、人口動態変動に弱いのです。当たり前の話ではありませんか。

また、1965年以降に生まれた人たちは、年金の納付額より受給額が少ないという厳しい実情もあります。

したがって、人生100年時代を生き抜くためには自助努力、すなわち、自分年金が必要となるのです。自分年金をいかにしてつくるかは、公的年金に頼る高齢者だけの問題ではありません。

現役世代の方々も、やがて働けなくなる（労働対価を得られなくなる）ときのことを予測し、できるだけ早く自分年金づくりの準備をする必要があると思います。

今後、高齢者が生きていくための保険である公的年金が目減りすることは明白です。ならば、その公的年金を補完するものを見出さなければなりません。

人によってそれは預・貯金であったり、個人向けの年金保険、家賃収入をもたらすような不動産かもしれません。筆者は株式投資が有効と考えています。

いずれにせよ、多くの人にとって第2、第3の「生活の糧」を得ることは喫緊《きっきん》の課題であり、真剣に考えなければならない状況となっているのは間違いないでしょう。新資本主義とは、株式投資による売買益、配当収入を目指す新しい概念です。

❖優良株を毎月コツコツ買う株式貯蓄は自分年金の切り札になり得る

再度申し上げますが、筆者は想定外の波乱、リスクを伴うとはいえ、値上がり益（キャピタルゲイン）に加え、配当（インカムゲイン）がもらえる株式投資こそが、総体的に見て最も頼りになると考えています。株主優待も魅力です。

老後の備えに対する始動は早いに越したことはありません。そのスタートが早ければ早いほど、老後の生活は楽になります。

その場合の〝切り札〟は、やはり株式貯蓄（筆者は株貯と称している）でしょう。毎月、コツコツと有望銘柄の株式を貯金するように買い続けるのです。そう、「チリも積もれば山となる」作戦です。

▶毎月100株ずつ購入したマネックスグループ(8698)の株貯例

購入年月	購入価格(円)	購入金額(円)	累計保有株数(株)	累計購入金額(円)	配当実績(円)
2023/1	416	41,600	100	41,600	
2	454	45,400	200	87,000	
3	**495**	**49,500**	**300**	**136,500**	**7.9**
4	485	48,500	400	185,000	
5	519	51,900	500	236,900	
6	480	48,000	600	284,900	
7	552	55,200	700	340,100	
8	551	55,100	800	395,200	
9	**520**	**52,000**	**900**	**447,200**	**8.0**
10	561	56,100	1,000	503,300	
11	664	66,400	1,100	569,700	
12	666	66,600	1,200	636,300	
2024/1	710	71,000	1,300	707,300	
2	771	77,100	1,400	784,400	
3	**923**	**92,300**	**1,500**	**876,700**	**15.0**
4	900	90,000	1,600	966,700	
5	790	79,000	1,700	1,045,700	
6	778	77,800	1,800	1,123,500	
7	731	73,100	1,900	1,196,600	
8	730	73,000	2,000	1,269,600	
9	**669**	**66,900**	**2,100**	**1,336,500**	**15.1**
10	607	60,700	2,200	1,397,200	
11	715	71,500	2,300	1,468,700	
12	1,030	103,000	2,400	1,571,700	

(注)網掛け部分は配当実施月(支払いは後日)を示す。配当実績は1株当たりの金額

▶マネックスグループ（8698）の月足

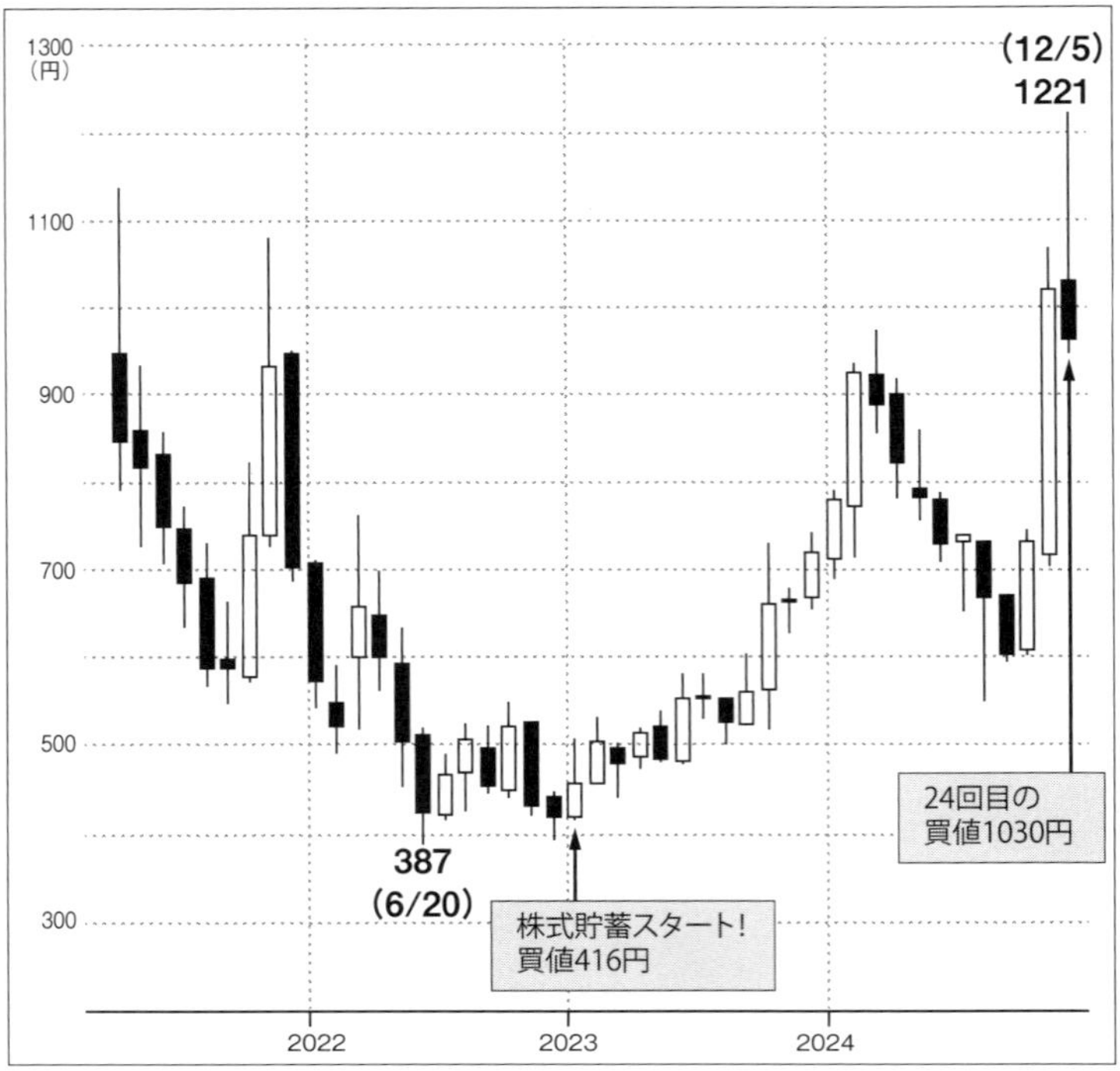

前ページの表は、ネット証券などを国内外で展開する**マネックスグループ（８６９８）**の株貯例です。２０２３年１月～２０２４年の12月まで、毎月１００株ずつ購入し続けた場合の推移を示しています。ただし、買い付けは月初の寄り値（始値）、取引コストは除いてあります。

最初の買い付け（２０２３年の１月）は４１６円でしたので、購入株数

100株に対し購入金額、および累計購入金額はともに4万1600円（416円×100株）となります。

それが2024年12月の24回目の買い付け（購入価格1030円）では、購入株数100株に対し購入金額10万3000円です。この結果、2年間で同社株の累計保有株数は2400株まで増え、累計購入金額は157万1700円になっています。

ちなみに、この24回の株貯における1株当たりの平均購入価格（株価）は、654・9円（累計購入金額157万1700円÷2400株）となります。同社株の直近値は927円（2025年1月17日終値）です。これは平均購入価格654・9円を41・5％上回っていることになります。

仮に、直近値927円で全株手仕舞いした場合（杉村式株貯の場合、実際は短期間では売りません）、その売却金額は222万4800円（927円×2400株）となります。これは累計購入金額（24回分の買い入れコスト）157万1700円に対し、65万3100円（222万4800円－157万1700円）のキャピタルゲイン（値上がり益）が発生したことを意味します。

さらに同社株の場合、この2年の間、計4回の配当を実施しています。その実績は①

２０２３年3月末が7・9円、②同9月末が8円、③２０２４年3月末が15円、④同9月末が15・1円でした。増配を続けています。

したがって、配当金（インカムゲイン）の総額（税引き前）は、6万３７８０円＝（7・9円×３００株）＋（8円×９００株）＋（15円×１５００株）＋（15・1円×２１００株）となります。これは、約2割の税引き後の手取りでも5万円を超える金額です。これが株貯の魅力です。

ちなみに、同社株は２０２５年3月期末に25・1円（普通配当15・1円＋特別配当10円）の配当を実施することを発表しています。これにより、２０２５年3月期の年間配当は中間期の15・1円と合わせ40・2円となります。したがって、年間配当利回りは直近値９２７円ベースで4・3％（40・2円÷９２７円×１００）という高利回りとなります。これは、東証プライム全銘柄の平均予想利回り2・5％を大きく上回る水準です。

このように、株貯は銘柄選びが重要です。これは改めて述べるまでもありませんが、くれぐれも注意してください。ＮＩＳＡの銘柄選びと似ていますが、事業の継続性、財務内容、経営リスクのチェックが重要なのです。それを怠ってはいけません。

〝杉村式〟自分年金のつくり方 投資資金別モデルコースとは？

さて、最後は投資資金別の自分年金づくりを考えてみたいと思います。これは株貯とは対極に位置づけられる一括（タイミング）買いですが、仮に50万円、100万円、200万円の投資資金があるとした場合、筆者ならどのような銘柄をその予算内で購入し、ポートフォリオとするかを以下に示してみました。参考例です。

なお、これらの銘柄は第6章で述べた〝杉村式〟銘柄発掘法に即したものですが、あくまでも原稿執筆時（2024年11月下旬）に選別したものです。リスクは十分に精査していますが、その後のアクシデント（業績悪化、不祥事など）は想定していませんのでご承知おきください。リスクは常に、存在します。

また、本書で取り上げたすべての銘柄同様、実際の投資に当たっては読者各位の責任において行なってください。これまた当然のことですが、株式投資は自己責任が基本ルールなのです。

投資資金50万円のモデルコース

◉好業績、テーマ性内包の低位株を選別

50万円コースは株価が低位にあって、好業績、テーマ性内包の銘柄を中心にピックアップしました。具体的には**ｎｍｓホールディングス（２１６２）**、**ＪＡＬＣＯホールディングス（６６２５）**、**Ｊトラスト（８５０８）**、**アイフル（８５１５）**の４銘柄です。

ｎｍｓホールディングスは東証スタンダードに上場しています。事業のメインは製造派遣、請負です。主力ユーザーは**パナソニックホールディングス（６７５２）**の車載事業、**ソニーグループ（６７５８）**の半導体事業です。２０２４年６月時点の２０２５年

▶投資資金50万円のモデルケース（銘柄と保有株数）

コード	銘柄	株価（円）	保有株数（株）	購入代金（円）
2162	nmsHD	334	300	100,200
6625	JALCOHD	398	300	119,400
8508	Jトラスト	434	400	173,600
8515	アイフル	327	300	98,100
累計			1,300	491,300

（注）株価は2024年11月22日終値。購入代金（株価×保有株数）は取引コスト除く

３月期の１株利益は83・６円、配当は７円増の14円と計画しています。会社役員の不祥事の影響は不透明ですが、「影響は限定的」と推測されています。

株価は３３０円がらみ、この水準のＰＥＲ（株価収益率）は４倍前後と出遅れています。投資家の信頼が乏しい（ＩＲ活動不足）ということでしょうか。ただ、年間配当は14円予想であり、これは３３４円の株価に対し４％を超える高利回りです。

ＪＡＬＣＯホールディングスの株価は、やはり底練りゾーンに位置しています。不人気です。東証スタンダード銘柄です。パチンコ・パチスロ業界の事業承継、相続に絡む不動産事業、Ｍ＆Ａコンサルが収益の柱です。従業員はわずか13名、少数精鋭の人材をそろえています。

賃貸用不動産は42物件、約６５０億円を保有、販売用不動産は１３７億円持っています。２０２５年３月期の

▶JALCOホールディングス(6625)の月足

▶JALCOホールディングスの業績推移

	2023年3月期	2024年3月期	2025年3月期(予)
売上高	4,963 (+78.4)	12,738 (+156.7)	7,490 (▲41.2)
純利益	1,820 (+100.9)	4,155 (+128.3)	896 (▲78.4)
年間配当	6 (+200.0)	18 (+200.0)	18 (±0.0)

(注) 単位=売上高、純利益は百万円。年間配当は円。( )は前期比。2025年3月期は会社予想

1株利益は30～40円になりそうです。配当については「18円以上」(前期実績18円)と会社側がコメントしています。おそらく、20～25円とするのではないでしょうか。

オーナーの田辺順一社長は野村証券出身ですが、在籍中は証券取引所の「場立ち」(市場部員)を経験するなど苦労人です。

◉出遅れ顕著のJトラスト、業容変貌中のアイフル

Jトラストは、第2の創業期を迎えています。証券、信用保証、債権回収など幅広い事業を展開中ですが、主力は金融業です。インドネシア、韓国など東南アジアでのビジネスが急成長中です。インドネシアの銀行業は、同国の5指に入る大手に育っています。また、現在、インドネシアの首都ジャカルタに24階建ての現地法人の本社を建設しています。藤澤信義社長は東大医学部卒業、千葉信育副社長はインドネシアに常駐、陣頭指揮をとっています。

株価は400円台中心の値動きです。PERは9倍前後、PBR(株価純資産倍率)は0・37倍と出遅れています。配当は14円を継続していますが、これは「先行投資を優先している」(会社側)ためです。役員会では増配が話題になるそうです。

▶アイフル（8515）の月足

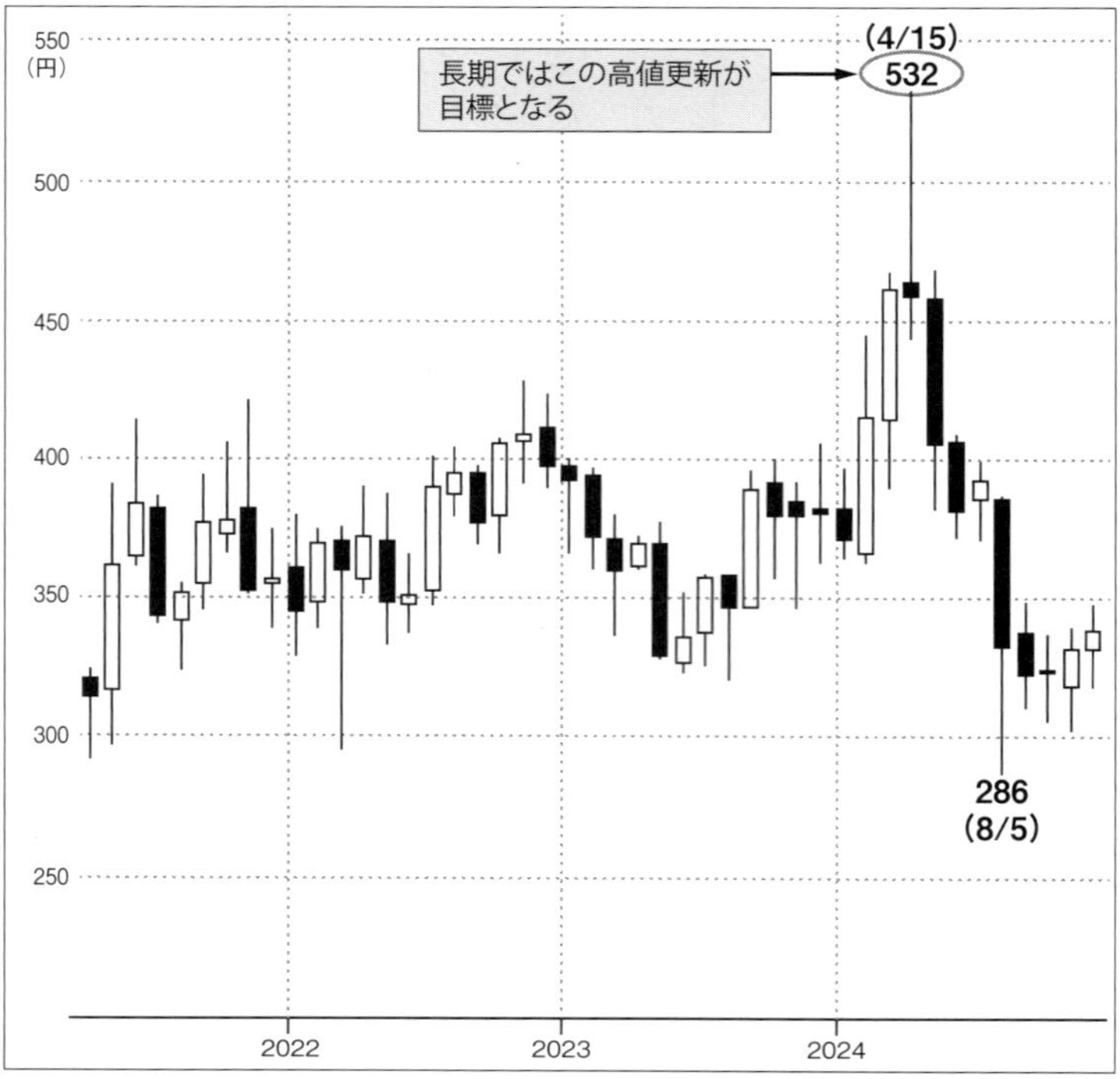

▶アイフルの業績推移

	2023年3月期	2024年3月期	2025年3月期（予）
営業収益	144,152 （＋9.1）	163,109 （＋13.2）	188,500 （＋15.6）
純利益	22,343 （＋81.1）	21,818 （▲2.3）	21,600 （▲1.0）
年間配当	1.0 （±0.0）	1.0 （±0.0）	1.0 （±0.0）

（注）単位＝営業収益、純利益は百万円。年間配当は円。（　）は前期比。2025年3月期は会社予想

▶投資資金50万円のモデルケース（配当）

コード	銘柄	年間配当（円）	年間累計配当（円/株数）
2162	nmsHD	14	4,200（300）
6625	JALCOHD	18	5,400（300）
8508	Jトラスト	14	5,600（400）
8515	アイフル	1	300（300）
累計		47	15,500（1,300）

（注）年間配当は、2024年12月までの直近決算における年間の予想金額（1株当たり）。
年間累計配当は、予想年間配当金×保有株数で算出した額面（税引き前）の金額

アイフルは前述3社と同様、イメージはよくありません。しかし、だからこそ、株価が300円台前半に放置されているのでしょう。業績は好調です。時価のPERは7・25倍、PBRは0・77倍にすぎません。配当の「1円」には笑ってしまいますが、会社は劇的に変わってきました。電子マネー、エンジニア派遣事業などに注力、IT技術者は500人を超え、タイ、フィリピンなど海外進出を加速させています。

50万円コースの保有株数は、nmsホールディングス300株、JALCOホールディングス300株、Jトラスト400株、アイフル300株とします。この1300株を保有し続ければ、年間配当は上表にあるとおり合計1万5500円、20・315％（5％の住民税含む）の税を引くと、手取り1万2300円強がもらえる計算です。

投資資金100万円のモデルコース

◉テーマ性プラス成長性を重視した組み合わせ

100万円コースの銘柄は、テーマ性はもちろんですが、成長性を重視して選定しました。すなわち、東証プライム市場の**あいホールディングス（3076）**、**シンクロ・フード（3963）**、**システムサポートホールディングス（4396）**、東証スタンダード市場の**ウッドワン（7898）**、**ポエック（9264）**の5銘柄です。

コード順に記しますと、あいホールディングスは最近、世間を騒がせている「トクリュウ」（匿名・流動型犯罪グループ）防犯対策関連です。

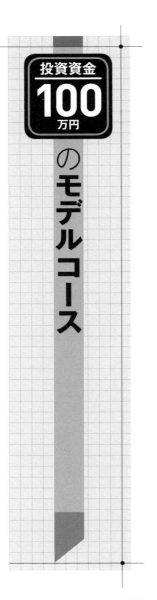

▶投資資金100万円のモデルケース（銘柄と保有株数）

コード	銘柄	株価（円）	保有株数（株）	購入代金（円）
3076	あいHD	2,168	100	216,800
3963	シンクロ・フード	417	600	250,200
4396	システムサポートHD	1,900	100	190,000
7898	ウッドワン	846	200	169,200
9264	ポエック	1,668	100	166,800
累計			1,100	993,000

（注）株価は2024年11月22日終値。購入代金（株価×保有株数）は取引コスト除く

監視カメラをはじめ、多くのセキュリティ機器を手がけています。もちろん、業績は好調です。２０２５年６月期の配当は90円を予定しています。配当利回りは４・２％程度となります。

シンクロ・フードは飲食店向けに求人、不動産、仕入れなどの情報サイトを運営しています。M＆A仲介も行なっています。さらに、日新火災保険と連携し、食中毒の賠償など飲食店のリスクに絡むビジネス（保険販売）に注力中です。

２０２４年12月には公募２００万株（価格３３６円）、売り出し６００万株を実施しました。売り出しは東証プライム市場上場維持のための浮動株を増やす狙いです。公募増資による調整資金（７億５０００万円）はＡＩを活用した新規サービスの開発・事業化に充当します。

株価が３００円台（安値ゾーン）での公募増資には

▶システムサポートホールディングス（4396）の月足

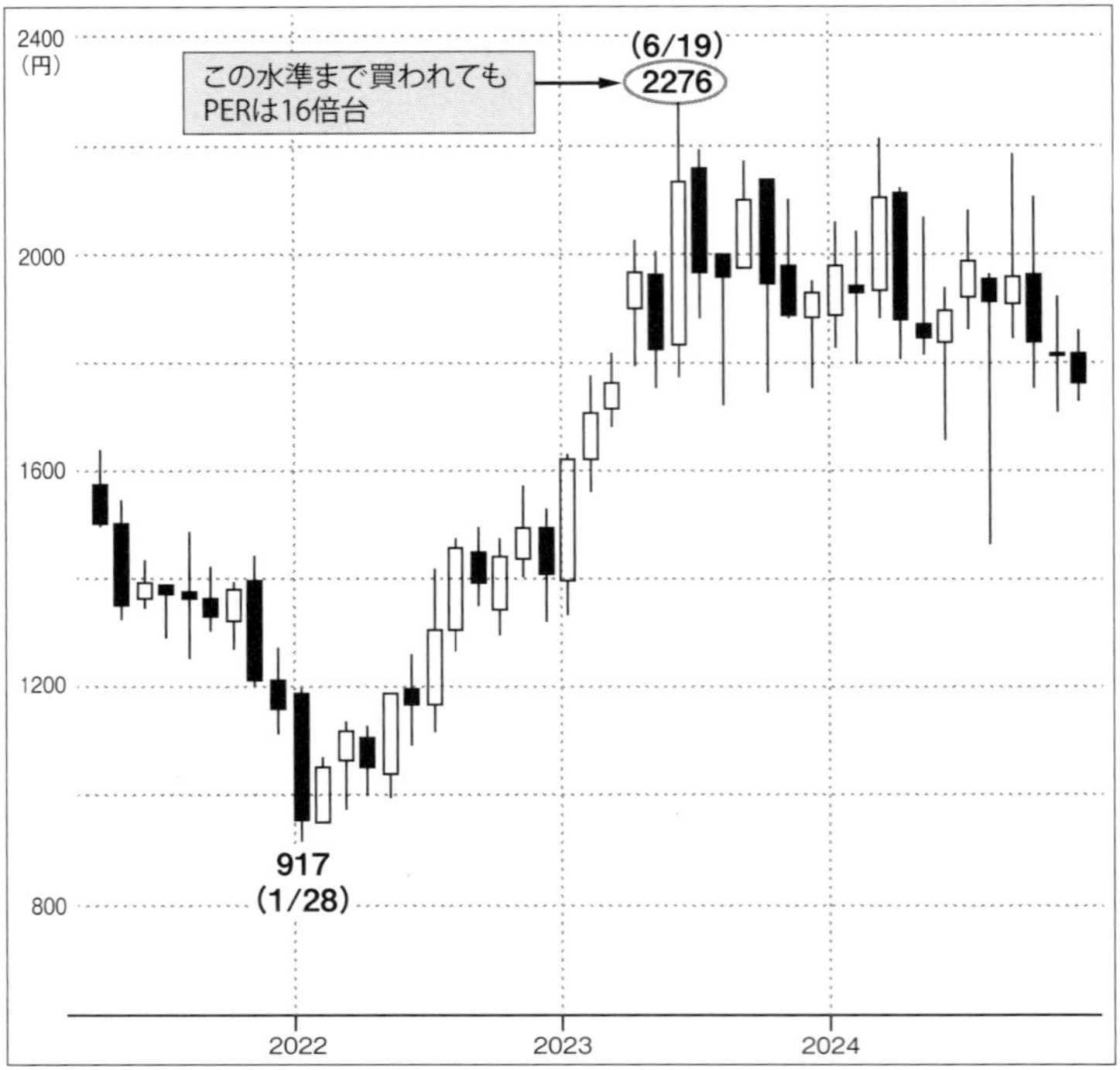

▶システムサポートホールディングスの業績推移

	2023年6月期	2024年6月期	2025年6月期（予）
売上高	19,267 （＋18.9）	22,029 （＋14.3）	26,087 （＋18.4）
純利益	1,009 （＋28.5）	1,224 （＋21.3）	1,444 （＋18.0）
年間配当	32 （＋28.0）	40 （＋25.0）	48 （＋20.0）

（注）単位=売上高、純利益は百万円。年間配当は円。（　）は前期比。2025年6月期は会社予想

「エッ？」との疑問があるでしょうが、会社側はこのタイミングをとらえ、「攻めるための布石」と語っています。この姿勢は評価できます。業績は好調です。15円配当に不安はありません。

◉5銘柄の年間累計配当は手取り2万7000円強を見込む

システムサポートホールディングスはクラウドサービスが事業のメインです。2025年6月期は2ケタ増収増益を確保できそうです。1株利益は140・1円（前期は118・2円）となります。配当は8円増の48円とする方針です。アメリカでは「第2のエヌビディア」と話題のサービスナウ（日本にデータセンターなど20億ドル＝約3000億円を投資する）の日本における有力代理店です。

大手住宅建材メーカーのウッドワンは業績の急浮上に加え、PBRが0・17倍という極端な割安がポイントです。PBR1倍だと、株価は4976円になります。配当は24円を継続中です。ニュージーランドに広大な山林を保有しています。今後、あまりにも割安なためにMBO（マネジメント・バイアウト＝経営陣による自社の買収）などがクローズアップされるのではないでしょうか。

▶ポエック(9264)の月足

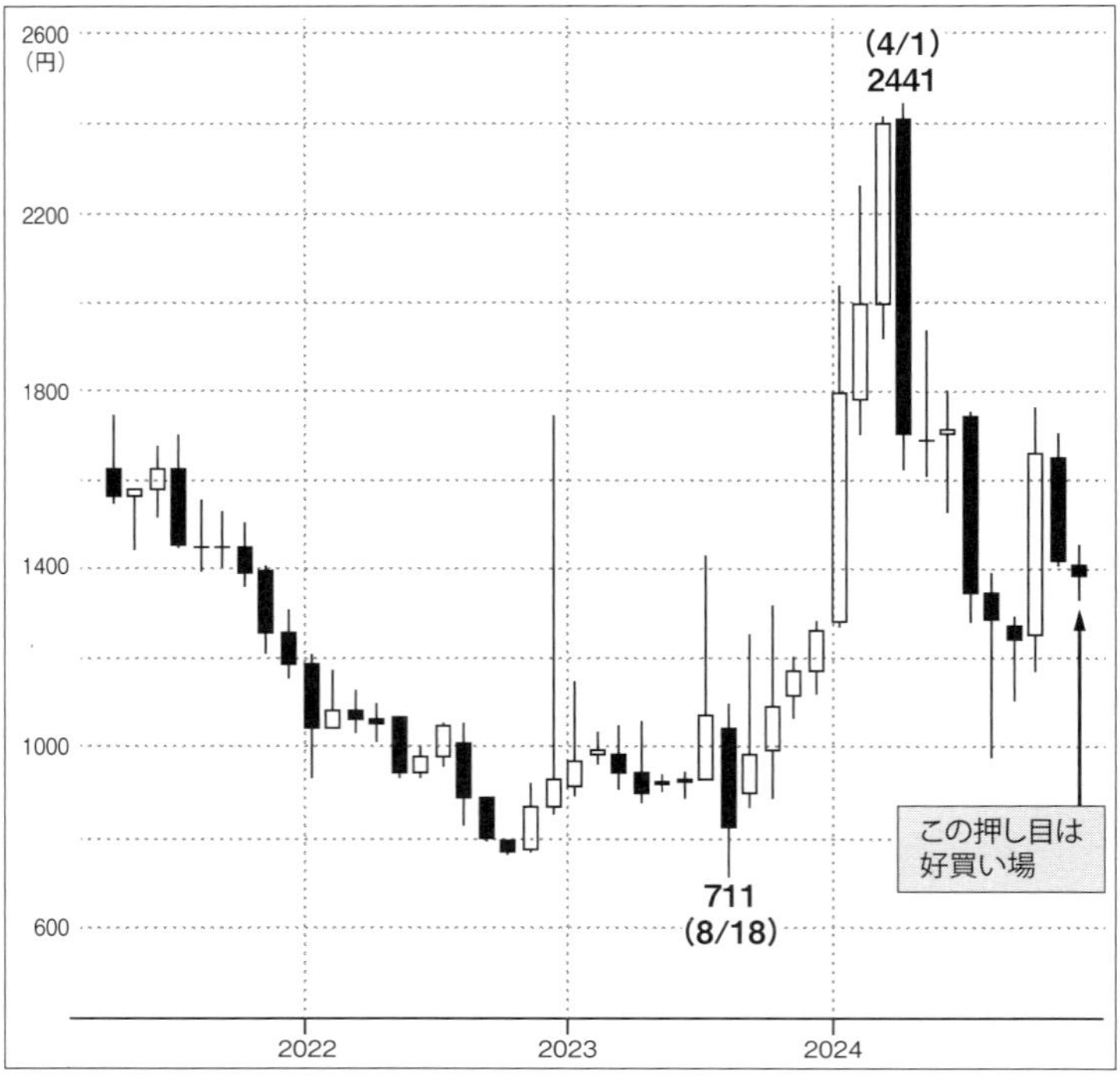

▶ポエックの業績推移

	2023年8月期	2024年8月期	2025年8月期(予)
売上高	7,052 (＋21.5)	8,371 (＋18.7)	10,500 (＋25.4)
純利益	265 (黒字転換)	195 (▲26.4)	600 (＋207.7)
年間配当	33 (▲13.2)	53 (＋60.6)	70 (＋32.1)

(注) 単位=売上高、純利益は百万円。年間配当は円。( )は前期比。2025年8月期は会社予想

▶投資資金100万円のモデルケース（配当）

コード	銘柄	年間配当（円）	年間累計配当（円/株数）
3076	あいHD	90	9,000（100）
3963	シンクロ・フード	15	9,000（600）
4396	システムサポートHD	48	4,800（100）
7898	ウッドワン	24	4,800（200）
9264	ポエック	70	7,000（100）
累計		247	34,600（1,100）

（注）年間配当は、2024年12月までの直近決算における年間の予想金額（1株当たり）。
年間累計配当は、予想年間配当金×保有株数で算出した額面（税引き前）の金額

ポエックは水処理を軸に、環境エネルギー事業を展開しています。M&A戦略を推進、業容を拡大しています。業績は好調です。2025年8月期は25・4%増収、207・7%増益を見込み、1株利益は129・1円（前期は42・3円）の予想です。配当は2023年8月期が33円、2024年8月期が53円、2025年8月期は70円とします。この株主優遇姿勢は高く評価できます。PERは株価1670円がらみでも13倍前後と、割高感はまったくありません。

100万円コースの保有株数は、あいホールディングス100株、シンクロ・フード600株、システムサポートホールディングス100株、ウッドワン200株、ポエック100株とします。この1100株を保有し続ければ、年間配当は合計3万4600円、税金を引くと手取り2万7000円強がもらえる計算です。

投資資金 200万円のモデルコース

◉業績堅調、信頼性が高い主力優良株中心の銘柄構成

200万円コースは主軸株中心の銘柄構成としました。6銘柄ともすべて東証プライム市場の銘柄です。テーマ性には配慮していますが、トランプ政権の政策に重点を置いた銘柄選別となっています。

INPEX（1605）は原油・ガス開発、および生産の国内最大手です。トランプ第2次政権は「アメリカンファースト」です。国際緊張が高まるのは避けられません。資源・エネルギー価格は急騰する局面がありそうです。

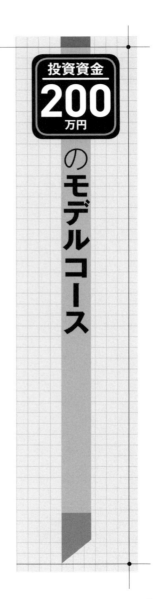

▶投資資金200万円のモデルケース(銘柄と保有株数)

コード	銘柄	株価(円)	保有株数(株)	購入代金(円)
1605	INPEX	2,005	200	401,000
4004	レゾナック・HD	3,978	100	397,800
7011	三菱重工業	2,309	200	461,800
8053	住友商事	3,282	100	328,200
8604	野村HD	930	200	186,000
8801	三井不動産	1,257	100	125,700
累計			900	1,900,500

(注)株価は2024年11月22日終値。購入代金(株価×保有株数)は取引コスト除く

足元の業績に不安はありません。連続増配、自社株買いを続けています。ポートフォリオには、ヘッジ的な感覚を持ってこのような銘柄を入れておくべきではないでしょうか。

レゾナック・ホールディングス(4004)は日立化成と経営統合、半導体素材・電子分野に注力しています。2023年12月期は経営改革を断行したため赤字決算になりましたが、2024年12月期以降は急浮上に転じる見通しです。

お荷物の石化事業は分離、上場を目指しています。AI半導体向けの素材が伸び、将来性は抜群です。65円配当を続けています。

三菱重工業(7011)は第1章でも取り上げていますが、防衛関連の〝雄〟的な存在です。トランプ政権は日本に対し、防衛費の増額を求めてくるのは目に見えて

住友商事（8053）の月足

住友商事の業績推移

	2023年3月期	2024年3月期	2025年3月期（予）
営業収益	6,817,872 （＋24.1）	6,910,302 （＋1.4）	7,100,000 （＋2.7）
純利益	565,178 （＋21.9）	386,352 （▲31.6）	530,000 （＋37.2）
年間配当	115 （＋4.5）	125 （＋8.7）	130 （＋4.0）

（注）単位=営業収益、純利益は百万円。年間配当は円。（　）は前期比。2025年3月期は会社予想

います。前回（第1次政権の2016〜2019年）がそうでした。日本政府は、防衛予算のGDP（国内総生産）比2％（2024年は1・6％）計画を着々と進めています。2027年の目標達成は早まるでしょう。3年間に43兆円を投じる計画です。

業績は絶好調です。2025年3月期は史上最高の決算になります。こちらも連続増配を続けています。

◉住友商事と野村ホールディングスは連続増配中、三井不動産は膨大な含み益に注目

住友商事（8053）は油井管《ゆせいかん》など金属製品に強みを持っています。アメリカは二酸化炭素削減を求めるパリ協定から離脱、原油・ガスの増産に踏み切る見通しです。

2025年3月期の配当は130円（前期は125円）とします。この連続増配の経営姿勢は評価できます。洋上発電などクリーンエネルギー分野の展開が魅力です。

野村ホールディングス（8604）は、2025年に創業100周年を迎えます。これは「証券業界のトップ企業なのに、PBRは0・83倍と1倍を割り込んでいます。これは「恥ずかしい」ですね。また、社員の不祥事は痛手ですが、乗り切る力があります。

ここにきてROE（自己資本利益率）が10〜11％に急上昇、PBR1倍割れは理解で

▶三井不動産（8801）の月足

▶三井不動産の業績推移

	2023年3月期	2024年3月期	2025年3月期（予）
売上高	2,269,103 （＋8.0）	2,383,289 （＋5.0）	2,600,000 （＋9.1）
純利益	196,998 （＋11.3）	224,647 （＋14.0）	235,000 （＋4.6）
年間配当	20.7 （＋13.1）	28 （＋35.3）	30 （＋7.1）

（注）単位=売上高、純利益は百万円。年間配当は円。（　）は前期比。2025年3月期は会社予想

▶投資資金200万円のモデルケース(配当)

コード	銘柄	年間配当(円)	年間累計配当(円/株数)
1605	INPEX	86	17,200(200)
4004	レゾナック・HD	65	6,500(100)
7011	三菱重工業	22	4,400(200)
8053	住友商事	130	13,000(100)
8604	野村HD	23	4,600(200)
8801	三井不動産	30	3,000(100)
累計		356	48,700(900)

(注)年間配当は、2024年12月までの直近決算における年間の予想金額(1株当たり)。
年間累計配当は、予想年間配当金×保有株数で算出した額面(税引き前)の金額

きない状況になっています。連続増配中です。

三井不動産(8801)は証券コード番号が「ゼロイチ」です。これは歴史を有する企業であることを示しています。すなわち、土地・株式の含みは膨大です。土地の含み益は「4兆円」と試算されています。

拠点は東京・日本橋ですが、物流センター、データセンター、ショッピングセンターなど多方面に展開しています。宇宙ビジネスにも熱心です。

200万円コースの保有株数は、INPEX200株、レゾナック・ホールディングス100株、三菱重工業200株、住友商事100株、野村ホールディングス200株、三井不動産100株とします。この900株を保有し続ければ、年間配当は上表にあるとおり合計4万8700円、20・315%の税を引くと、手取り3万8800円強がもらえる計算です。

COLUMN 07

資産運用の会社なのに、株主はみんな貧乏
（「辛抱する木にカネが成る」を証明した銘柄）

もう10年以上も前のことです。**青山財産ネットワークス（8929）**の株価は200円を割り込み、経営危機がささやかれていました。前経営陣の放漫経営の結果です。赤字が50億円を超え、筆者も正直ビビったものです。そこに登場してきたのが現社長の蓮《はす》見《み》正純《まさずみ》氏です。

彼は公認会計士です。一気に、業容改善を断行します。そして、借金をして発行済み株式数の1割を取得したのです。ここに筆者は本気度を感じました。もちろん、メインバンクを取材すると、「同社の資金繰りは問題ない」と。そこで、講演会などを通じ、「大化け候補」と取り上げたのですが、反応は散々でした。

あるとき、講演会の来訪者に、「この銘柄は財産コンサルの会社じゃないか。しかし、我々株主はみんな貧乏だよ」と批判されたのです。いや〜、これはこたえましたね。株価は数年間、ずっと低迷していたのです。

しかし、2024年12月18日には2,092円の高値をつけました。2019年9月末に1対2の株式分割を行なっており、実質4,000円を超えた計算です。筆者が注目銘柄として最初に取り上げたときから、20倍以上になっています。

一時はネット上において、「アホ村がアホ山を勧めている」と酷評されたものですが、**「辛抱する木にカネが成る」**ということでしょうか。この格言は、相場には何よりも辛抱強さが大切であると教えていますが、逆にいえば、辛抱しない木にカネが成ることはなく、努力しない投資家が報われることはないのです。

〈著者略歴〉　**杉村 富生**（すぎむら・とみお）

◎——経済評論家、個人投資家応援団長。
◎——1949年、熊本生まれ。明治大学法学部卒業。18歳から兜町の水に親しみ、相場経験は半世紀を超える。「個人投資家サイドに立つ」ことをモットーに掲げ、軽妙な語り口と分かりやすい経済・市場分析、鋭い株価分析に定評がある。有望株発掘の第一人者といわれ、事実、数々のヒット銘柄を輩出している。金融・経済界に強力なネットワークを持ち、情報の正確さや豊富さでは他を圧倒している。
◎——ラジオNIKKEI『ザ・マネー』などにレギュラー出演中。株式講演会も好評を得ており、全国各地に熱烈な“杉村ファン”がいる。
◎——主な著書は『株価チャートのすごコツ80』『これから3年 株で攻める！』『株は100万 3点買いで儲けなさい！』『新成長株で勝負せよ！』（いずれも小社）など。これまでの著書は120冊以上、累計100万部を超える。

【杉村富生の兜町ワールド】 https://www.e-stock.jp/

保存版 株式投資 勝ち方の本質

2025年 2月26日　第1刷発行

著　　者——杉村 富生
発 行 者——徳留 慶太郎
発 行 所——株式会社すばる舎
〒170-0013　東京都豊島区東池袋3-9-7 東池袋織本ビル
TEL　03-3981-8651（代表）　03-3981-0767（営業部）
FAX　03-3981-8638
URL　https://www.subarusya.jp/
装　　丁——池上 幸一
本文デザイン・イラスト——笹森 識
本文校正——相良 孝道
編集協力——石垣 智（L&B編集企画室）
編集担当——菅沼 真弘（すばる舎）
印　　刷——株式会社光邦

落丁・乱丁本はお取り替えいたします

ISBN978-4-7991-1305-9